跨学科主题教学

理解、设计与实施

王 飞 著

华东师范大学出版社
·上海·

图书在版编目(CIP)数据

跨学科主题教学:理解、设计与实施/王飞
著. —上海:华东师范大学出版社,2024. —ISBN
978 - 7 - 5760 - 5262 - 6

Ⅰ. G420

中国国家版本馆 CIP 数据核字第 2024PN8362 号

跨学科主题教学:理解、设计与实施

著　　者	王　飞
责任编辑	刘　佳
特约审读	马　洁
责任校对	郢　琳　时东明
装帧设计	刘怡霖

出版发行	华东师范大学出版社
社　　址	上海市中山北路 3663 号　邮编 200062
网　　址	www.ecnupress.com.cn
电　　话	021 - 60821666　行政传真 021 - 62572105
客服电话	021 - 62865537　门市(邮购)电话 021 - 62869887
地　　址	上海市中山北路 3663 号华东师范大学校内先锋路口
网　　店	http://hdsdcbs.tmall.com

印刷者	上海展强印刷有限公司
开　　本	787 毫米×1092 毫米　1/16
印　　张	12.75
字　　数	187 千字
版　　次	2024 年 11 月第 1 版
印　　次	2025 年 8 月第 3 次
书　　号	ISBN 978 - 7 - 5760 - 5262 - 6
定　　价	52.00 元

出版人　王　焰

(如发现本版图书有印订质量问题,请寄回本社客服中心调换或电话 021 - 62865537 联系)

目　录

绪论 / 1

第一章　跨学科主题教学的历史 / 14
　　一、跨学科主题教学在国外的发展 / 14
　　二、跨学科主题教学在我国的发展 / 32

第二章　跨学科主题教学的含义 / 42
　　一、跨学科主题教学的两大领域 / 42
　　二、跨学科主题教学的内涵解析 / 47
　　三、新课标下跨学科主题教学的核心特征 / 53

第三章　跨学科主题教学的意义 / 57
　　一、跨学科主题教学的价值定位 / 57
　　二、跨学科主题教学的价值追寻 / 63

第四章　跨学科主题教学的设计 / 72
　　一、跨学科主题教学设计的理论基础 / 72
　　二、跨学科主题教学设计的原则 / 81
　　三、跨学科主题教学设计的要素 / 87
　　四、跨学科主题教学设计的步骤 / 92

第五章　跨学科主题教学的实施 / 108
　　一、学科协同式跨学科主题教学的实施 / 108
　　二、活动交互式跨学科主题教学的实施 / 116
　　三、素养交融式跨学科主题教学的实施 / 129

第六章　跨学科主题教学的保障 / 135
　　一、交互逻辑中的协同共建机制 / 135
　　二、价值共创中的双重驱动机制 / 140
　　三、正和博弈中的资源配置机制 / 145
　　四、稳中求进中的评价反馈机制 / 149

第七章　跨学科主题教学的案例 / 153
　　一、X 校开展跨学科主题教学的原因 / 153
　　二、X 校跨学科主题教学的初始样态 / 157
　　三、X 校跨学科主题教学的试错与精进 / 170
　　四、X 校跨学科主题教学的改进与创新 / 178

参考文献 / 186

后记 / 198

绪论

20世纪中叶,社会对高素质、创新性人才的需求推动知识生产模式由传统学科生产模式向跨学科生产模式转型。在此影响下,以跨学科的方式联结和统整学科间内容,实现课程的综合化,逐渐成为世界各国教育教学方式变革的一个重要趋势。进入21世纪以来,全球课程与教学改革步入核心素养时代,重构素养时代的教学方式以培养信息时代和知识社会所需的综合型与复合型人才成为学校教育教学的价值旨归。核心素养是知识、能力、品格态度等方面的深度融合,围绕这一教育目标变革传统的分科教学、开展跨学科教学逐渐成为理论研究和实践探索的热点问题。

我国教育教学一直很重视培养学生的跨学科素养和综合实践能力,在一系列政策文件的影响下,致力于此目标的跨学科教学日渐成为基础教育课程与教学改革的重要议题和学校教育高质量发展的主要抓手。《义务教育课程方案和课程标准(2022年版)》(以下简称"新课程方案"和"新课标")强调加强学科间的统筹配合和综合育人,明确提出各门学科应该用不少于10%的课时组织跨学科主题教学,在国家政策层面上强化了跨学科主题教学的重要地位,进一步推动了其学理研究及实践探索的横向铺排和纵深发展。

跨学科主题教学顺应了21世纪基础教育课程改革的素养导向和综合化取向,是"新课程方案"和各科"新课标"的一个突出亮点,成为我国21世纪课程改革的重要议题。其在坚持学科立场基础上突破学科桎梏,以特定主题统筹教学目标、内容、方法及评价等诸要素，力求实现两门及以上学科内容的整合[1]，其强调"跨学科的"内容组织广度和以"主题"为轴心的教学实践深度，兼具跨学科教学与主题教学的双重优势，能够解决因课程过度分化所导致的五育内容整合失衡、各学科知识与学生经验及生活的割裂等问题，以跨学科主题教学的形式促进德、智、体、美、劳五育对话，进而培养具有多学科知识结构、综合思维和跨领域问题解决能力的人才，是一场教育理念、课程模式和教学方式的重大变革。

在各类政策文件的重视倡导及跨学科主题教学实践探索的推动下，国内外研究者基于自身学术立场对跨学科主题教学进行了不同取向的学理研究，主要涉及价值、类型、设计、实施等四个维度。

在价值研究上，一方面，部分研究者从宏观视角分析，认为跨学科主题教学是推进五育融合教育目标的重要载体。如有学者指出，跨学科主题教学打破了学科边界，由多位教师共同研制主题或采用协同教学的方式进行，是以学科间的关联点为载体落实"五育"融合的重要方式[2]，通过跨学科主题教学整合多学科内容是一种融合视野下的教学新方式，有助于构建五育融合的嫁接式教学内容体系[3]。也有研究者具体分析了以某一学科为中心的跨学科主题教学的全面育人功能，如体育跨学科教学能够消除体育与其他课程割裂的弊端，与德育、智育、美育诸方面协同起来，实现立德、启智、辅美、育心的目标[4]。另一方面，有学者从微观视角出发指出，跨学科主题教学是践行课程改革要求和社会发展创新理念的重要路径[5]，其将不同学科知识体系化和整体化，强调不同学科相互的交叉教学或者不同学科之间的渗透教学，是课程改革的重要表现形式[6]。美国著名的跨学科课程整合专

---

[1] 任学宝.跨学科主题教学的内涵、困境与突破[J].课程·教材·教法，2022(4)：59-64+72.
[2] 刘登珲，李华."五育融合"的内涵、框架与实现[J].中国教育科学，2020(5)：85-91.
[3] 董鹏，于素梅.五育融合导向的体育课堂教学：内涵厘定、策略探骊与误区规避[J].体育学研究，2022(2)：103-110.
[4] 曹忠.全面育人理念下的小学体育跨学科协同教学[J].中小学管理，2019(11)：22-24.
[5] Newell W. H. Interdisciplinary Curriculum Development [J]. Issues in Integrative Studies, 1990(8)：69-86.
[6] 张玉滨.高中跨学科教学的本位价值与实施路径[J].中小学管理，2018(4)：21-23.

家海蒂·海耶斯·雅克布斯(Heidi Hayes Jacobs)认为跨学科主题教学是一种有意识地将不同学科的方法、语言应用于一个核心主题(Theme)、议题(Issue)、问题(Problem)、话题(Topic)和经历(Experience)的知识观和课程实施路径,其为学生提供了一个关联性较强的、非碎片化的学习体验[1]。还有研究者提出,跨学科主题教学能够增进学科间知识的横向联系,建立知识与学生自身经验的关联[2],将多学科的知识、认知图式和价值观传授给受教育者,帮助学生在头脑中交叉融合并内化多学科知识,提升解决问题的能力[3]。

在类型研究维度,学者们根据跨学科主题教学实施的综合程度将其分为三类:一是以单学科为主线,综合其他学科内容的多学科式教学。如有观点强调跨学科主题教学是以多元的视角来探索当地的生态系统,以生物学科内容为主线,跨越科学、英语、数学等其他学科知识来组织教学,以提升学生的综合素养[4]。还有观点指出跨学科主题教学是从多学科或跨学科的视野进行综合性教学,进而实现对特定学科知识的深度学习,如以历史、文学、艺术等的视角审视物理、化学、生物等学科,可以实现对世界的科学与人文的统一的认知[5]。二是以多学科综合知识为中心的跨学科式教学,学者们指出其最主要的代表是国际文凭组织IBO(International Baccalaureate Organization)于20世纪末推出的IB课程和西方各国的跨学科课程,相关的理论研究也主要围绕IB课程和跨学科课程展开。IB课程旨在采用探究式教学方式培养终身学习者,如IB小学课程(The Primary Years Programme,简称PYP)就是一种跨学科项目式课程,它围绕跨学科的、具有全球

---

[1] Jacobs H. H. Interdisciplinary Curriculum: Design and Implementation [M]. Alexandria: Association for Supervision and Curriculum Development, 1989:8.
[2] 张传燧,左鹏.新时代课程育人:价值、目标及方式——对《义务教育课程方案(2022年版)》的理解与思考[J].课程·教材·教法,2022(10):20-27.
[3] Pountney R., McPhail G. Researching the Interdisciplinary Curriculum: The Need for "Translation Devices" [J]. British Educational Research Journal, 2017(6):1068-1082.
[4] Miller L., Dejean J., Miller R. The Literacy Curriculum and Use of an Intergrated Learning System [J]. Journal of Research in Reading, 2000(2):123-125.
[5] 潘希武.校本课程建设的转向及其深化[J].教育学术月刊,2023(6):12-17+26.

性意义的重要主题进行教学设计,教学实践突破学科界限的束缚。围绕 IB 课程的相关研究主要集中于 IB 课程在不同学段开设的要点、方式、模式、评价,以及跨学段 IB 课程的衔接性等方面①。也有学者重点从跨学科视域下审视与思考 IB 课程的发展问题,强调 IB 课程应该着重综合性主题的遴选,着重透过综合性议题的学习,培养学生的跨学科综合素养②。跨学科课程研究与实践始于 20 世纪初,马萨诸塞州的菲利普斯·安多佛中学(Phillips Academy Andover)是美国较早推进跨学科课程建设的学校,其组建了校本的教研机构——唐氏教育研究院(Tang Institute),该研究院与安多佛的跨学科研究部(The Department of Interdisciplinary Studies)合作探索基础课程跨学科教与学的方法,统筹学校的跨学科教学与课程建设③。安多佛中学在 2022—2023 学年开设了"艺术史""环境科学:食品、农业和未来""环境科学:全球气候变化"等 46 门跨学科课程。唐氏教育研究院还组建了研讨会 10(Workshop 10),要求 40—45 名十年级学生为一组,探讨英语、历史、哲学和宗教这四门课程的共同主题和问题④。此外,美国国家科学理事会(National Science Board,简称 NSB)于 1986 年提出的 STEM(Science,Technology,Engineering,Mathematics)教育,现已成为国际公认的重要跨学科课程。围绕跨学科课程的实践问题,诸如上述的研究机构——唐氏教育研究院、美国国家科学理事会等,以及学者们都展开了丰富的理论探索,其内容涉及跨学科课程目标设定⑤、主题选择⑥、任务实施⑦、

---

① International Baccalaureate Organization. Report of International Baccalaureate Organization [M]. Washington, DC: National Academies Press, 2000:3 - 24.
② Poelzer G., Feldhusen J. An Empirical Study of the Achievement of International Baccalaureate Students in Biology, Chemistry and Physics [J]. Journal of Secondary Gifted Education, 1996(1):28 - 40.
③ Tang Institute at Andover. What We Do [EB/OL]. (2022 - 11 - 10) [2024 - 02 - 28]. https://tanginstitute.andover.edu/about.
④ Tang Institute at Andover. Course of Study(2022—2023)[EB/OL]. (2022 - 11 - 10) [2024 - 02 - 28]. https://www.andover.edu/files/CourseOfStudy.pdf.
⑤ National Science Board. Long-Lived Digital Data Collections: Enabling Research and Education in the 21st Century [M]. Alexandria, VA: National Science Foundation, 2005:8.
⑥ Vars G. F. Integrated Curriculum in Historical Perspective [J]. Educational Leadership, 1991(2):14 - 15.
⑦ Hadenfeldt J. C., Neuman K., Bernholt S., Liu X., Parchman I. Students' Progression in Understanding the Matter Concept [J]. Journal of Research in Science Teaching, 2016(5):683 - 708.

评价反馈①等广泛领域。三是以综合主题为统领的超学科教学。超学科课程往往以一个社会性综合议题为主题,通过师生从多学科知识中寻找解决该议题的思路来实现多学科知识的整合。在实践探索中如澳大利亚有些州设置的跨课程优先事项(Cross-Curriculum Priorities)就是典型的超学科课程,它的主题包括"原住民和托雷斯海峡岛民的历史和文化""亚洲文化及澳大利亚与亚洲的关系""可持续发展问题"等,均是涉及面很广的社会性议题,以帮助学生加深对世界以及个人所处的社会的认识、加深对多元文化的认同②。围绕超学科课程与教学的研究则主要集中于超学科社会性议题的遴选标准、实施模式、评价方式等方面,学者们强调超学科社会性议题必须符合学生身心发展水平,不同学段间超学科主题应该具有衔接性和整体性③,超学科主题的实施必须让学生在探究的过程中落实,超学科课程与教学的判断标准不应该是具体知识的掌握,而应该是综合素养的提高等等④。还有研究者根据知识在跨学科主题学习中的地位将跨学科主题教学分为"运用知识以解决复杂问题"⑤与"利用跨学科主题来学习知识"等类型⑥。

  在设计研究维度,国内外学者主要从目标设置、主题选择、内容组织、评价设计等维度探讨了跨学科主题教学设计问题。其一,在跨学科主题教学的目标设计上,学者们普遍认为应该将培养学生的核心素养视为跨学科主题教学的中心任务和最终指向。如有研究者对我国义务教育语文等16个学科"新课标"中有关跨学科主题教学的要求进行了关键词共词分析,提出"核心素养是各学科跨学科主题

---

① National Research Council. A Framework for K-12 Science Education: Practices, Crosscutting Concepts, and Core Ideas [M]. Washington, DC: National Academies Press, 2012:83-84.

② Australian Curriculum. Assessment and Reporting Authority. Australian Curriculum F-10 (Version 8.4)[EB/OL]. (2015-05-15)[2024-02-28]. https://www.australiancurriculum.edu.au/f-10-curriculum/.

③ Jacobs H. Interdisciplinary Curriculum: Design and Implementation [M]. Alexandria: Association for Supervision and Curriculum Development, 1989:8.

④ Jacobs H., Borland H. The Interdisciplinary Concept Model: Theory and Practice [J]. Gifted Child Quarterly, 1986(4):159-163.

⑤ 李俊堂,钱玮. 跨学科主题学习的评价设计要点[J]. 中小学管理,2023(5):24-27.

⑥ 郭华,袁媛. 跨学科主题学习的基本类型及实施要点[J]. 中小学管理,2023(5):10-13.

学习的高频词,跨学科主题教学的目标设计应紧扣素养发展主线"[1]。芬兰国家教育委员会(National Board of Education)在2014年颁布的《基础教育国家核心课程:聚焦学校文化和综合方法》中所提出的"思考和学会学习(思考和学习素养)、文化能力互动与表达(文化能力、互动和表达)、日常生活自理及照顾他人的能力(管理日常生活、照顾自己和他人)、多元读写能力(多模态识读素养)、信息与通信技术能力(信息技术素养)、工作技能和创业能力(工作生活和创业能力)、参与影响和建设可持续发展的未来(社会参与和构建可持续未来)"七项"共通素养(Transversal Competences,也译为横向跨学科素养)"是芬兰跨学科主题教学的目标[2]。其二,在主题选择方面,有研究者指出跨学科主题教学的主题要契合核心素养的时代意义,具有典型性和可拓展性[3]。有研究者提到可以从教材内容融通点、地域文化特色点、社会生活统整点、学校特色课程关联点等四个关键点出发设计跨学科主题[4]。一些国外教育研究机构及组织则提出应立足教育现实、学生生活和社会发展,提出跨学科主题,如21世纪学习合作组织(The Partnership for 21st Century Learning)研发了"21世纪学习框架"(Framework for 21st Century Learning),框架划定了九大核心学科和21世纪主题,其中全球意识(Global Awareness)、金融、经济、商业和创业素养(Financial, Economy, Business and Entrepreneurship Literacy)、公民素养(Civic Literacy)、健康素养(Health Literacy)及环境素养(Environmental Literacy)等则是21世纪主题的核心内容[5]。

---

[1] 詹泽慧,季瑜,赖雨彤.新课标导向下跨学科主题学习如何开展:基本思路与操作模型[J].现代远程教育研究,2023(1):49-58.
[2] Finnish National Board of Education. New National Core Curriculum for Basic Education: Focus on School Culture and Integrative Approach [EB/OL]. (2022-11-10)[2024-02-20]. https://www.oph.fi/sites/default/files/documents/new-national-core-curriculum-for-basic-education.pdf.
[3] 陈丹,崔亚雪,李洪修.跨学科主题学习的实践属性及其路径选择[J].天津师范大学学报(基础教育版),2023(4):1-6.
[4] 丁莉莉,王军钊,宫茜.小学跨学科主题学习的系统设计与实施[J].中小学管理,2023(6):55-58.
[5] Partnership for 21st Century Skills. Framework for 21st Century Learning Definitions [EB/OL]. (2022-11-10)[2024-02-22]. https://static.battelleforkids.org/documents/p21/P21_Framework_DefinitionsBFK.pdf.

在划定具体教学主题的基础上，相关教育研究机构及学者们强调要保证跨学科主题的统摄性和接续性，并保障相关主题随着年级的增长得到扩充与扩展[1]。其三，就跨学科主题教学的内容组织而言，郭华教授指出，教师开发的跨学科主题教学案例应至少包含主题名称、适用学段及年级、体现育人立意的教学目标、基本学习任务或活动环节、方法途径指导、总结反思的条目、活动延伸、案例设计思路说明等部分[2]。卡特琳·林德维格(Katrine Lindvig)和拉尔斯·乌尔里克森(Lars Ulriksen)借助"一串珍珠(Pearls on a String)""拉链(Ziper)"和"雪花(Snowflake)"三种隐喻阐明建立跨学科教学中各种元素之间联系的组织方式[3]。其四，针对跨学科主题教学的评价设计，维罗妮卡·博伊克斯·曼西拉(Veronica Boix Mansilla)等人开发了跨学科评估框架，提出评估的四维度——目的性、学科基础、整合和批判性意识[4]。有研究者基于SOLO(Structure of the Observed Learning Outcome)分类理论框架以及认知科学和脑科学理论将学生的跨学科理解水平分为五个层次，并构建了跨学科学习评价认知模型[5]。还有学者指出，教师可以借鉴STEM教育的评价方式，从信息处理、问题解决、交流表达、同理共情等跨学科学习活动中析出观测维度，参照新课标的学业质量标准分学段进行梯度设计，扩大评价主体，以第四代评价理论为指导，积极利用大数据等信息技术平台记录和处理评价材料进行过程性评价[6]。在针对学生行为的具体评价中，有学者提

---

[1] Council of Chief State School Officers. Common Core State Standards for English Language Arts & Literacy in History/Social Studies, Science, and Technical Subjects [EB/OL]. (2022 - 11 - 10)[2024 - 02 - 27]. https://learning.ccsso.org/wp-content/uploads/2022/11/ELA_Standards1.pdf.

[2] 郭华.落实学生发展核心素养 突显学生主体地位——2022年版义务教育课程标准解读[J].四川师范大学学报(社会科学版),2022(4):107 - 115.

[3] Lindvig K., Ulriksen L. Tilstræbt og Realiseret Tværfaglighed i Universitetsundervisning [J]. Dansk Universitetspædagogisk Tidsskrift, 2016(20):5 - 13.

[4] Mansilla V. B., Duraising E. D. Targeted Assessment of Students' Interdisciplinary Work: An Empirically Grounded Framework Proposed [J]. The Journal of Higher Education, 2007(2):215 - 237.

[5] 张春雷.跨学科学习评价:价值定位、过程方法及模型应用[J].中国考试,2023(4):42 - 49.

[6] 李俊堂.跨向"深层治理"——义务教育新课标中"跨学科"意涵解析[J].四川师范大学学报(社会科学版)2022(4):116 - 124.

出以一个主题或项目为单位记录学生在跨学科学习中的收获[1],关注学科概念呈现的跨学科学习思维,采用整合性学习评价方式对学生的跨学科理解进行综合评判[2]。

在实施探索维度,就跨学科主题教学的实施层次而言,大致可分为以下三种形式。一是区域层面的跨学科实践尝试及相关研究。如加拿大安大略省2022年的科学与技术课程改革重点是推行跨学科学习(Cross-Curricular Learning)与综合性学习(Integrated Learning),促进科学和技术学科与其他学科的整合[3]。美国各州根据国家研究委员会(National Research Council,即NRC)颁布的《国家科学教育标准》(National Science Education Standards)和美国科学促进会(American Association for the Advancement of Science)发布的《科学素养基准》(Benchmarks for Science Literacy)制定了符合本州实际的科学教育标准,落实本地区科学领域的跨学科教学,如1998年加州州立标准高中化学8.b(1998 California State Standards, High School Chemistry 8.b)中提到其中一个学习目标就是"知道反应速率如何取决于浓度、温度和压力等因素"[4]。这些区域层次的跨学科主题教学推进均是在相关教育研究机构和一些教育学者的理论指导下进行的,在推动过程中,相关教育研究机构和学者不断通过行动研究提炼区域推进跨学科主题教学的原则与路径[5],如区域推进跨学科主题教学应该充分调动区域内各级各类学校、教育研究机构、企事业单位、社区和家长的力量,形成区域推进跨学科主题教学的合力,政府应该对提供帮助的企事业单位等提供适当的政策支

---

[1] 尚力沛,俞鹏飞,王厚雷,程传银.论体育与健康课程中的跨学科学习[J].上海体育学院学报,2022(11):9-18.

[2] 刘丰,徐鹏.高中语文跨学科学习的实施路径探析[J].中学语文教学,2022(2):4-8.

[3] 陈沙沙,迟少辉,王祖浩.加拿大安大略省新一轮科学与技术课程改革的特色与启示[J].比较教育学报,2023(2):147-160.

[4] Stephen L. P. The Next Generation Science Standards: The Features and Challenges [J]. Journal of Science Teacher Education, 2014(2):145-156.

[5] Lana I., Deborah C., George M., Ronald P. Interdisciplinary Learning: Process and Outcomes [J]. Innovative Higher Education, 2002(2):95-111.

持等①。

二是学校层面的跨学科探索,这类实践研究较多。如清华大学附属小学自2010年开始着手建构的"1＋X"课程是较为成熟的跨学科实践探索。清华附小根据学科特点,将原有国家课程中的各学科分类整合为四大领域,即品德与健康、语言与阅读、数学与科技、艺术与审美,将相关学科进行统筹规划与设计,以促进跨学科的关联(见表绪-1)②。

表绪-1　清华附小"1＋X课程体系"中的跨学科整合

课程领域	整合学科	整合依据
品德与健康	道德与法治	强调这几门学科教学的目的不是习得多少知识、训练多少技能,而是共同提升学生的心理与身体健康水平。
	体育	
	健康教育	
语言与阅读	语文	强调语言类学科要以阅读带动言语的习得,突出汉母语与英语的双语阅读。尤其加大阅读量,努力创造最宜读的书香校园。
	英语	
数学与科技	数学	重点体现这一类学科在实践、创新方面的优势。
	科学	
	信息科技	
	综合实践活动	
艺术与审美	美术	强调这一类学科学习的目的是提高学生的审美品位。
	音乐	
	书法	

① 苗成彦."四节"联动·整体育人:综合课程建设的区域推进[J].中小学管理,2019(4):48-50.
② 清华大学附属小学.1+X课程介绍[EB/OL].(2023-09-01)[2024-07-03]. https://www.qhfx.edu.cn/html/course.

上海市市西中学自2012年4月开始探索的"思维广场"课程也是学校层面跨学科实践的典范,具体操作路径是由学科组基于不同学科交叉相通的内容合作设计一个宏观大主题,然后根据各学科特点设定本学科主导的核心主题,在多学科教师的合作授课中实现学科整合[①]。

北京景山学校于2022年组织的一至四年级学生的"扇送清凉"数学跨学科实践活动,围绕生活中的小扇子将数学、历史、美术等学科中相关知识进行整合,一二年级学生通过寻找生活中各种各样的小扇子,并用数学中有关图形的知识表述小扇子的形状,从而巩固了数学教材中有关圆形、多边形、轴对称图形等图形的知识;三四年级学生则通过梳理扇子的发展史、了解扇子的工作原理等知识,以及制作各种类型的扇子等实践活动,从多学科视角加深了对扇子的了解与认识[②]。阿伯丁的戴斯小学(Dyce School,Aberdeen)围绕跨学科学习开展了四周的探究式学习活动;巴德考尔和斯科雷格小学(Badcaul and Scoraig Primary Schools)采用了加拿大教育家特雷弗·麦肯齐(Trevor MacKenzie)的《潜入探究》(Dive into Inquiry)一书中建议的探究周期,开展了以探究为导向的跨学科学习活动[③]。此外,还有广东碧桂园学校的初中地理跨学科教学计划;兰州市七里河区七里河小学建构的"1+7"校本课程;山东省威海市沈阳路小学的跨学科主题学习探索等。三是在课堂层面对跨学科教学的实践研究。有学者指出要基于学习进阶展开跨学科教学,不断回溯到教学主题中大概念网络中的科学逻辑和生活逻辑[④]。有研究者通过实验研究验证了在土耳其小学三年级的游戏和体育活动(Game and Physical Activities,即 GPA)课程中进行科学教学对学生的科学成绩

[①] 杨俊杰.跨学科融合式教学:思维广场课程的深化发展[J].教育学术月刊,2022(4):87-92+112.

[②] 郭宇凡.素养导向下小学数学跨学科综合实践活动的思考与实践[J].中国教育学刊,2023(S2):56-57+82.

[③] Education Scotland. The Curriculum Design Cycle [EB/OL].(2022-04-25)[2024-02-18]. https://education.gov.scot/resources/the-curriculum-design-cycle/.

[④] 李俊堂.跨向"深层治理"——义务教育新课标中"跨学科"意涵解析[J].四川师范大学学报(社会科学版),2022(4):116-124.

有积极影响①。有科学研究者与常青州立学院（Evergreen State College）的视觉艺术家以"光"为主题进行跨学科教学，带领学生依托对光的科学理解创造艺术图像和物体，以建立科学（特别是化学）与艺术之间的联系②。有学者指出，可以围绕大概念整合大单元教学、问题探究、项目式学习等方式开展跨学科教学，如综合运用问题式教学和项目式教学两种方法，以问题探究为引领，引入学习任务群，再利用项目推进的方式，开展方案的预设、筛选、实施、验证、评估等活动③。

就跨学科主题教学的实施原则来说，有研究者基于跨学科教学的设置逻辑提出，实践跨学科教学需要遵循素养导向下教学评一致性、坚持学科立场的同时兼顾跨学科性、推进主题内容与教学方式的同步变革等三条原则④。

针对体育与健康课程的跨学科主题教学，有研究者指出在具体实施过程要释放本学科价值，体现本学科对全人发展的贡献，坚决落实体育与健康课程的责任主体地位，即实践过程要始终围绕体育与健康学科核心素养目标的达成⑤；还有学者提到教师在实施跨学科主题教学时要明确自身定位，树立统揽大局的意识观，避免全程包揽的一站式服务⑥。

此外，为保证实施效果还需提供与跨学科实践活动相匹配的学习支持，保证

---

① Boyraz C., Serin G. Science Instruction through the Game and Physical Activities Course: An Interdisciplinary Teaching Practice [J]. Universal Journal of Educational Research, 2017(11): 2026 - 2036.
② Bopegedera A. The Art and Science of Light: An Interdisciplinary Teaching and Learning Experience [J]. Journal of Chemical Education, 2005(1): 55 - 59.
③ 李俊堂. 跨向"深层治理"——义务教育新课标中"跨学科"意涵解析[J]. 四川师范大学学报（社会科学版），2022(4): 116 - 124.
④ 董艳，夏亮亮，王良辉. 新课标背景下的跨学科学习：内涵、设置逻辑、实践原则与基础[J]. 现代教育技术，2023(2): 24 - 32.
⑤ 杨伊，任杰. 体育与健康课程的跨学科主题学习：必要性、可行性与行动路径[J]. 武汉体育学院学报，2023(5): 88 - 94+100.
⑥ 陈一林，张文鹏，刘斌. 基于活动理论的体育与健康课程跨学科主题学习活动设计路径研究[J]. 体育学研究，2023(5): 62 - 74.

跨学科教学的时间和空间[①]，从跨学科学习活动、驱动性问题、学习共同体、支架、工具等要素出发设计促进跨学科学习的学习环境[②]。

就跨学科主题教学的实施模式来讲，有研究者基于不同视角构建了跨学科主题教学的实践模式，以促进跨学科主题教学的整体推进与系统落实。如南方科技大学教育集团第二实验学校开发了跨学科教学、跨学科统整、超越学科的主题统整等教学模式，着力构建以跨学科学习为特征的"统整项目课程体系"[③]。

深圳市盐田区乐群实验小学从核心理念、主题内容、实施方式、评价方式及学习场域等多个角度出发，构建了"主体建构、主题整合、主干搭架、主场协同"的跨学科主题教学模式，通过"主题式"跨学科课程、"渗透式"跨学科课程和"嵌入式"跨学科课程等三条路径实施跨学科教学，意图在完整的生活中培养完整的儿童[④]。有研究者以情境学习和活动理论为理论依据，以人工智能和STEM学科、人文类学科和艺术类学科等的深度融合为支撑，构建了"人工智能+X"的跨学科融合教学框架[⑤]。

作为新时代课程与教学改革的重要举措，跨学科主题教学在国内外研究中取得了丰富的理论和实践成果。研究者们既从理论方面探讨了开展跨学科主题教学对教育教学的价值及不同研究立场下的跨学科主题教学类型，又在实践层面针对跨学科主题教学的落实进行了思考。但已有研究多聚焦跨学科主题教学相关理论的整体分析，对于学校教学层面的跨学科主题教学系统组织与综合实施的研究还有待发展，对教学实践的指导性略有不足。鉴于此，本书基于跨学科理念展开学校层面的跨学科主题教学设计与实施研究，对跨学科主题教学进行理论溯源

[①] 孙兴华，刘晓莉，郭昕雨.跨学科主题学习实施路径的探寻——以数学学科为例[J].教育科学研究，2023(4)：73-78.
[②] 万昆，饶爱京.促进跨学科学习发生的学习环境设计研究[J].教育学术月刊，2023(3)：91-99.
[③] 唐晓勇.互联时代的课程重构：构建基于跨学科的统整项目课程[J].中小学管理，2019(10)：57-59.
[④] 王树宏，王锐.指向儿童完整生活：基于国家课程的跨学科教学实践[J].中国教育学刊，2022(9)：93-97.
[⑤] 梁云真，刘瑞星，高思圆.中小学"人工智能+X"跨学科融合教学：理论框架与实践策略[J].电化教育研究，2022(10)：94-101.

的基础上澄清跨学科主题教学的时代立场,并依据新一轮基础教育课程改革取向构建系统化的跨学科主题教学模型,从课程固有的属性出发将不同课程类型中的跨学科主题教学设计具象化,以期为跨学科主题教学在学校层面的具体落实提供启示与借鉴。

第一章　跨学科主题教学的历史

跨学科主题教学旨在突破学科限制，培养在各学科领域都能有所建树的综合性人才。其虽在2022年义务教育课程修订中才以政策文件的形式固定下来，被赋予了"法理"意义，但相关理念可以追溯至19世纪末，是课程整合、核心素养等教育理念和各国跨学科教学、综合学习等教育实践的拓展升华和深化发展。跨学科主题教学理念在顺应社会发展进程中不断推进，并且在不同时期呈现出各异的样态及特点。

一、跨学科主题教学在国外的发展

19世纪末20世纪初，科学技术以高度综合的方式迅猛发展，导致原有的学科界限不断淡化，知识的生长和发展开始向其他学科寻求资源并呈现学科互涉的特点，跨学科从"隐结构"的状态逐渐显现出来[①]。自此，学界兴起了有关跨学科的初步探索，并逐渐影响了各国的基础教育课程改革运动。

（一）蛰伏于课程整合的萌芽时期

跨学科主题教学源于学术界对学科过度分裂问题的反思，最初主要植根于课

---

① 杜芳芳,李佳敏.基于问题的跨学科学习:高校本科教学的改革路向[J].高教探索,2015(10):82-86.

程整合(Curriculum Integration,也译为"课程统整")理论研究与实践探索的土壤。跨学科主题教学是促成课程整合目标的有效方式之一,课程整合秉持着跨学科理念,是跨学科主题教学的精神内核[1],为跨学科主题教学的提出和发展奠定了重要基础。从某种程度上来讲,课程整合是孕育跨学科主题教学理念的重要载体。

课程整合是课程研究领域的重要议题,其理论可以追溯至德国著名的哲学家、心理学家和教育家约翰·弗里德里希·赫尔巴特(Johann Friedrich Herbart)的教育思想。19世纪中期,赫尔巴特在哲学和观念心理学基础上构建了系统完整的教育理论,遵循"相关"和"集中"两条原则进行课程的整合,具体来说是以历史学科为中心,依照从低到高、从简单过渡到复杂的统觉形成过程将课程进行跨界联结,以减少学科间要素的重复、克服分科课程下知识间割裂现象、解决分科过细导致的课程臃肿的问题。后在齐勒尔(Tuiskon Ziller)、莱因(Wilhelm Rein)等赫尔巴特弟子的宣传和发展下,德国赫尔巴特研究中心正式成立并开始探索跨学科整合运动,逐渐形成了学科本位的跨学科整合理论,即主张课程设计应改变单一学科课程的逻辑,考虑不同学科的内在关联[2],将自然科学和社会科学作为整合对象,以此设计多学科课程。齐勒尔在赫尔巴特整合理论基础上进一步提出了以某一学科为核心联络其他学科的"中心统合法",核心学科是涉及道德教养的学科,即教材和教学以历史为线索,并穿插文学和宗教学科内容,整合数学、图画、地理、手工等学科[3],在一定程度上推动了学校教学方式的变革。19世纪末,德·伽莫(Charles De Garmo)、麦克默里兄弟(Charles McMurry & Frank McMurry)和威廉·哈里斯(William Harris)等学者开始在伊利诺州州立师范学校、哥伦比亚师范学院等高校研究和传播赫尔巴特思想,以期借用跨学科课程整合思想改革美国

---

[1] 杨明全,赵瑶.从分化到融合:跨学科主题学习的三重维度[J].教育科学研究,2023(5):5–12.
[2] Dowden T. Relevant, Challenging, Integrative and Exploratory Curriculum Design: Perspectives from Theory and Practice for Middle Level Schooling in Australia [J]. The Australian Educational Researcher, 2007(2):51–71.
[3] 范树成.综合课程理论流派探析[J].外国教育研究,2000(2):18–24.

初等教育,缓解初等教育课程数量的不断增加与课时数量相对稳定之间的矛盾以及知识间的联系增加与课程分化所导致的课程孤立之间的矛盾[1]。此后,成立于1892年的赫尔巴特俱乐部(Herbart Club,后于1895年更名为National Herbart Society,即"全国赫尔巴特协会")进一步扩大了跨学科整合思想的传播范围,协会成员主张将学科中心取向的跨学科课程整合理念与美国教育现状和课程改革实践相结合,认为学校的各种教学科目是相互联系的,进行跨学科整合是解决科学发展所引发的知识激增问题的良策。如麦克默里兄弟自德国耶拿大学归国后,继承并发展了德国的跨学科教学思想,提出了"地理中心整合理论",即以地理知识作为协调多学科内容的中心[2]。19、20世纪之交,伊利诺州州立师范学院培训学校、加利福尼亚和宾夕法尼亚等州立师范学院培训机构、斯拜尔学校等开始应用赫尔巴特的整合思想改革学校课程,推动跨学科整合理念的落实。在赫尔巴特整合思想的指导下,科学、地理、历史及其所能涵盖的知识领域被联结为一个整体,有效解决了课程彼此分割和孤立的问题[3]。

肇始于19世纪末20世纪初的美国社会科(Social Studies)课程统整也是跨学科教学实践的早期实践样态,其最初主要是以历史学科为中心整合相关学科内容,将历史主题与社会现象或问题联系起来,通过探究的方式为学生提供系统参与社会、经济、政治等问题的机会,以激发学习者对社会问题、社区和个人问题的思考和行动,培养新型公民[4]。20世纪20年代,社会科学研究委员会(Social Science Research Council)成立,旨在解决因学科过度分化和专业化所导致的社会科学的割裂问题,促进各学科的融合。后来的"新社会科运动"(New Social

---

[1] 荣艳红. 赫尔巴特教育思想的传播及其对美国初等教育课程与教学论的影响[J]. 河北大学学报(哲学社会科学版),2007(2):71-75.

[2] 黄甫全. 整合课程与课程整合论[J]. 课程·教材·教法,1996(10):6-11.

[3] Dorothy M. Herbartian Contributions to History Instruction in American Elementary Schools [M]. New York: Bureau of Publications Teachers College, Columbia University, 1946:82.

[4] Massialas B. G. The "New Social Studies"—Retrospect and Prospect [J]. The Social Studies, 1992(3): 120-124.

Studies)进一步扩大了跨学科范围,其围绕"关联"的教育理念,着重加强社会学、公民学、经济学和政治学等人文社会科学领域中各学科之间的相互联系[1],强调不同学科知识之间的内在联系和有机整合,旨在培养学生的现代公民素养[2]。

19世纪末,在新教育运动(也称"新学校运动")的影响下,美国小学中新旧教育分庭抗礼,其传统教育的读写算(Reading, Writing, Arithmetic,即3R)课程内容与手工、音乐、绘画等代表新教育趋势的课程内容"共存"[3],导致小学课程量剧增,课程杂乱而缺乏系统性。此外,传统的分科教学因导致学生兴趣缺失、经验与知识分离等问题而遭到学者的猛烈抨击,反对传统学科知识主导型教学的进步主义教育运动兴起。进步主义教育学家反对将知识分割成碎片,认为学习应该是整体性的,应该呈现为各种项目,而不应被分解到孤立的学科知识中去,所以应采用主题教学法帮助学生学习,以激发学生的创造性和独特性,让学生爱上学习。在此背景下,"儿童中心论""发展主义"和"整体学习"构成了此次课程改革运动的主旋律。此时,美国教育改革中的"传统主义者"和"现代主义者"都更认同整体教学(Integrated Instruction),而不是分散教学(Fragmented Instruction),因为整体教学能够展示事物是怎么整合在一起的,同时有助于保证所学内容能够在各种情境中得以强化,其试图超越"纯粹事实"(Mere Facts),摆脱"机械学习"(Rote Learning)[4],开展主题教学和实践教学成为基础教育课程改革的一大趋势。

随着进步主义教育运动的兴起,以杜威为代表的进步主义教育家反思学科本位的课程整合理念对学生天性的压制和漠视,在继承和批判赫尔巴特整合思想的基础上,将研究视角从学科内容转向儿童经验和社会议题,主张用整体的、发展和

---

[1] Nelson R. M. The Social Studies in Secondary Education: A Reprint of the Seminal 1916 Report with Annotations and Commentaries [M]. Bloomington, Indiana: ERIC Clearinghouse for Social Studies, 1994:93-94.
[2] 唐汉卫,倪羽佳. 美国社会科课程统整:历程、模式和困境[J]. 全球教育展望,2021(9):63-79.
[3] 卢俊勇,陶青. 全科还是分科:我们到底需要什么样的小学教师?——杜威的思想及其启示[J]. 外国教育研究,2018(9):35-42.
[4] [美]艾瑞克·唐纳德·赫希. 我们需要怎样的学校?[M]. 张荣伟,译. 福州:福建教育出版社,2019:60-61.

联系的观点来看待儿童与课程,认为课程和教学应以儿童为中心进行跨学科整合,关注学习者的自我活动、个人兴趣、生活经验、个性特点及社会需求。由美国进步教育协会(Progressive Education Association)开展的八年研究(Eight-Year Study,亦称"三十校实验")进一步证实了跨学科教学所带来的教学效益要优于传统的分科教学,跨学科课程整合进入新的发展时期。此时,詹姆斯·比恩(James A. Beane)、海蒂·海耶斯·雅克布斯(Heidi Hayes Jacobs)和罗宾·福格蒂(Robin Fogarty)等人在继承了前人儿童中心取向的课程统整思想基础上,主张围绕人与社会相关的主题进行课程统整,这推动了学科中心课程统整的发展。雅克布斯(Heidi Hayes Jacobs)还提出跨学科整合形式,即围绕主题、问题、话题和经验来整合多个学科的方法和知识[①]。詹姆斯·比恩(James A. Beane)认为,自20世纪20年代中期,课程整合的概念有所扩大,其不仅是一种组织教学的方式,还代表了一种课程设计理念,即不考虑学科边界,围绕教育工作者和年轻人共同确定的重大问题和议题组织课程,促进个体更好地认识并顺利融入社会,在此基础上提出了经验整合(Integration of Experiences)、社会整合(Social Integration)、知识整合(Integration of Knowledge)和作为课程设计的整合(Integration as a Curriculum Design)等四种整合形式[②]。

20世纪末,在后现代主义、后结构主义、建构主义等理念的影响下,跨学科课程整合运动呈现出多元发展态势。以雅克布斯、德雷克(Susan M. Drake)为代表的研究者强调跨学科教学的重要价值,主张科际整合和主题整合,即对知识基础和研究方法相近的学科进行科目间整合、以问题解决带动相关主题学科内容的跨学科整合,比如雅克布斯提出的科际整合的单元或课程(Interdisciplinary Units/Courses)是指以某个主题为核心将不同学科中的相关内容进行融合,以实现从多

---

① Beane A. J. Curriculum Integration: Designing the Core of Democratic Education [M]. New York: Teachers College Press, 1997:2-21.
② Beane A. J. Curriculum Integration: Designing the Core of Democratic Education [M]. New York: Teachers College Press, 1997:2-4.

学科内容或视角的角度解决问题,以提升学生跨学科解决问题的能力[①]。

跨学科整合理论研究的深化发展推动了跨学科整合课程模式的出现,各学校开始进行跨学科教学的实践探索。菲利普·亨利·菲尼克斯(Philip Henry Phenix)将知识组织成象征学、经验论、美学、语言学、伦理学和天气学等六种模式或"意义领域"(Realms of Meaning)[②]。基于六大意义领域的整合课程模式将相关课程内容联系起来,其不仅教授单一的学术主题,还为其主题增添音乐、艺术、文学、科学、历史、宗教和哲学等元素,区别于"仅提供支离破碎、孤立的主题观点"的单学科教学,更便于学生体验课程的意义和深度,满足学生个人的学术需要和社会化需求。20世纪80年代出现的整合课程模型(Integrated Curriculum Model)以核心概念连接各学科领域和跨学科学习,其围绕主要问题、主题和想法组织学习活动,以跨学科的方式开展以学生为中心的学习,重视跨学科思维的培育,也常被用于开发适合天才儿童(Gifted and Talented Children)的课程[③]。在1994年《追求卓越:社会科课程标准》(Expectations of Excellence: Curriculum Standards for Social Studies)的指导下,不少学校开始打破教学的科目限制,围绕"文化""时间、连续性与变化""人、地域与环境""个人发展和自我认同""个人、群体与机构""权力、权威与治理""生产、分配与消费""科学、技术与社会""全球联系""公民理想与实践"等十大课程主题展开社会科学和人文科学领域的整合教学,着力提升学生的公民素养。在此课程标准基础上,全美社会科协会(The National Council for the Social Studies)又于2010年颁布了《国家社会科课程标准:教、学、评的框架》(National Curriculum Standards for Social Studies: A Framework for Teaching, Learning, and Assessment),将社会科的十大跨学科

[①] 刘登珲.詹姆斯·比恩课程统整思想研究[J].全球教育展望,2017(4):30-39.
[②] Mcallister W.K., Phenix P. Realms of Meaning: A Philosophy of the Curriculum for General Education [J]. Journal of Negro Education, 1966(2):168-169.
[③] VanTassel-Baska J., Wood S. The Integrated Curriculum Model(ICM) [J]. Learning and Individual Differences, 2010(4):345-357.

概念主题作为教学中心,以此整合人类学、考古学、经济学、地理学、历史学、法学、哲学、政治学、心理学、数学、自然科学等学科内容,帮助学习者在掌握多学科知识基础上学会思考,并能够灵活利用多种资源解决公民问题[1],其是以综合主题引领跨学科教学的早期实践。此外,还有明尼苏达州的马歇尔中学于1998年秋季开始实施的跨学科团队教学(Interdisciplinary Teamed Teaching)[2],利用不同学科教师的知识及能力素养、专业视角和学科理解等为跨学科教学注入活力。

(二) 依托于科学课程的发展时期

20世纪中后期,全球进入以高新技术为核心的知识经济时代,知识的生产方式及传播速度极大影响了经济增长的速度,促使教育成为影响国家综合国力和国际竞争力的重要因素。知识经济时代对人才质量的要求更高,培养具有综合能力的人才是教育变革的旨归,因此,淡化学科边界也逐渐成为培养通用人才的途径之一。此时,分科化知识观向综合化知识观的转变加速了综合课程和跨学科教学的兴起,在知识的生产、传播及运用过程中,知识与知识的学科界限被打破,知识更多地具有了跨学科的特性[3],这一知识观的转变深刻影响了学校课程与教学变革,这一时期的跨学科主题教学被置于综合课程、综合学习场域,以更为系统化、正式化且学理性的形式呈现。

随着全球教育改革向综合性、整体性、实践性、探究性趋势的推进,发达国家将开发综合课程及增加分科课程内容和实施等环节的关联作为推进教育改革的重要着力点,进一步推动了跨学科理念和实践探索的迅猛发展。20世纪60年代始,社会发展对科技人才的需求引发了大规模的科学教育改革运动,跨学科主题教学开始在科学教育领域大放异彩。其中,英美等发达国家较早开始跨学科实践

---

[1] Schneider D. Expectations of Excellence: Curriculum Standards for Social Studies. Bulletin 89 [M]. Washington: National Council for the Social Studies, 1994:12-14.
[2] Emily O. W., Erin C. D. The Geology and Sociology of Consumption: Team-Teaching Sustainability in an Interdisciplinary First-Year Seminar [J]. Journal of Geoscience Education, 2017(2):126-135.
[3] 石中英,尚志远.后现代知识状况与基础教育课程改革[J].教育探索,1999(2):15-18.

探索,大力开发综合理科课程,最主流的方式是通过整合生物、物理、化学等学科内容大力推进综合科学课程改革,这就使得跨学科的科学课程获得蓬勃发展。如,1985年,美国科学促进协会(American Association for the Advancement of Science)联合美国科学院、联邦教育部等12个机构启动了致力于未来人才培育的"2061计划"(Project 2061),强调科学、数学和技术领域之间及各领域与生活和世界之间的联系,推动了美国幼儿园到12年级(K-12)的课程与教学改革。比如由美国科学促进协会出版的《科学素养的设计》(Designs for Science Literacy)就提出要用相关联的教学单元提高不同科学课程间的相关性,并以"食物链分子演化发展"为主题将生物、化学、物理等学科中的相关知识进行整合(详见图1-1)[1]。美国科学促进协会于1989年发表的《面向全体美国人的科学》(Science for All Americans)报告中提出了系统、模型、恒定与变化、规模等跨越传统学科界限的综合概念,其涉及科学、数学和技术等多学科领域。比如教师可以组织学生学习森林生态系统,其中就既涉及生物学知识方面的食物链系统,也涉及地理学知识方面的气候系统;教师可以将心脏比作一个泵,并且用泵的模型及工作机制等解释心脏的构成及功能,加深对心脏的认识,由此既帮助学生更形象地掌握了心脏的构成及工作原理,还促进了物理知识与生物知识的融合;教师可以通过列举一块滚动的岩石最终会停在山脚下,一杯冰块最终会融化成水,物价与消费水平最终会趋向一致等来让学生了解恒定与变化,并由此基于该通用概念帮助学生建立不同学科知识间的关联;教师可以围绕规模这个通用概念将浩瀚无垠的宇宙、微观世界微粒的运行、人口变化、生物循环等内容进行适当整合,让学生明了规模与物质现象或规律间的关联[2]。随后,《科学素养的基准》(Benchmarks for Science Literacy)、《科学素养的设计》(Designs for Science Literacy)和《科学素养的导航图》(Atlas of Science Literacy)等落实"2061计划"的书籍都延续了《面向全体美国

---

[1] 美国科学促进协会.科学素养的设计[M].中国科学技术协会,译.北京:科学普及出版社,2005:241.
[2] 美国科学促进协会.面向全体美国人的科学[M].中国科学技术协会,译.北京:科学普及出版社,2001: 139-154.

人的科学》所设计的系统、模型、恒定与变化以及规模这四大通用概念,强调这些通用概念是古往今来以及人类现代工作和社会生活诸领域中反复出现的、重要的跨学科概念,学校教学中应该有意识地基于这四大通用概念设计系列跨学科主题教学活动,促进学生跨学科素养的形成。为促进科学教育改革的深化落实,"2061计划"制定了《改革蓝图》(Blueprints for Reform),它指出,跨学科联结(Interdisciplinary links)是加强课程联系的最有效方式,教师可以使用这一方法来简化课程计划,也能同时强化多学科共通的学习内容,以帮助学生理解科学及其与其他学科的关系[1]。此外,美国的概念中心小学科学课程 COPES(Conceptually Oriented Program in Elementary Science)遴选化学、生物、物理等学科中最能体现科学思维的内容组织教学,力图从多个学科视角揭示科学的本质;英国的综合理科计划 SCISP(The School Council Integrated Science Project)通过"构成要素、相互作用和构成要素、能量、相互作用和变化"四个主题来统整地理、生物、化学等自然科学领域的内容,组织跨学科教学[2]。

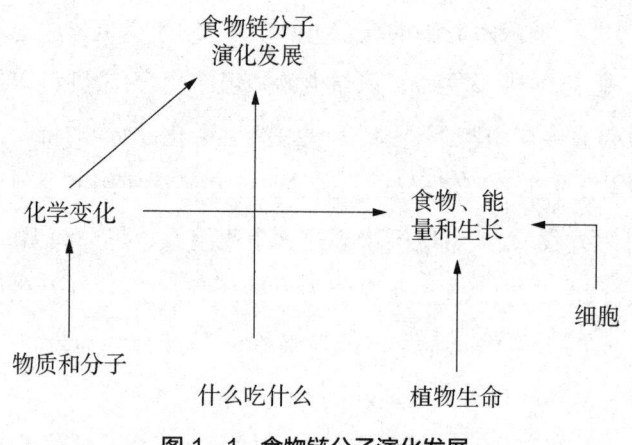

图 1-1 食物链分子演化发展

---

[1] American Association for the Advancement of Science. Blueprints for Reform [M]. New York: Oxford University Press, 1998:123-128.
[2] 孙丹儿. 我国综合科学课程内容统整研究[D]. 华东师范大学博士学位论文,2010:37-42.

而 STS(Science, Technology and Society,即"科学—技术—社会")、STEM(Science, Technology, Engineering and Mathematics,即"科学—技术—工程—数学")等课程样态的出现则掀起了新一轮的"跨学科"热潮。

STS 教育借助跨学科的方式将科学和技术还原到涉及社会价值观或伦理道德问题的具体情境中,主张围绕综合问题或主题开展教学,打破了分科主义的教学传统,实现了科学教育与其人文教育的深度融合[1],是科学教育的新范式。20 世纪 70 年代,德国综合中学的"科学知识概论"中蕴藏着早期的跨学科教学理念,并由此开始跨学科理念指导下的教学改革。德国莱布尼茨科学与数学教育研究所(Leibniz-Institut für die Pädagogik der Naturwissenschaften und Mathematik,即 IPN)专家团队主要采用跨学科的方式处理自然科学、数学、教育学和心理学等学科领域的教学和学习问题,其在 1973 年和 1974 年召开了两次关于"科学整合"议题的大型研讨会,讨论关于学科或跨学科组织科学教学的相关问题,黑森州(Hessian)、北莱茵—威斯特法伦州(North Rhine-Westphalia)和石勒苏益格-荷尔斯泰因州(Schleswig-Holstein)等在 20 世纪 90 年代成立了专业教学人员工作组,为科学领域的跨学科教学制定了课程和教学手册[2],是国际上较早为跨学科教学提供具体文本指导的地区。此后,西方国家在 20 世纪 80 年代初推行的 HPS(History of Science, Philosophy of Science and Sociology of Science,即"科学史、科学哲学和科学社会学")教育理念也是跨学科理念作用于科学教育的典型案例,其将科学史、科学哲学以及科学社会学的内容融入科学课程,提倡从多方视角理解科学教育,旨在提高国民的科学素养[3]。美国国家科学委员会(National Science Board)于 20 世纪末提出的 STEM 教育实践也是该时期典型的跨学科实践样态。STEM 教育强调多学科知识的跨界与融合,是一种典型的以跨学科实践为主要路

---

[1] 杨明全.STS 课程:类型、特征及改革走向[J].教育研究,2007(8):74-79.
[2] Reinhold P., Bünder W. Stichwort: Fächerübergreifender Unterricht [J]. Zeitschrift für Erziehungswissenschaft, 2001(4):333-357.
[3] 袁维新.HPS 教育:一种新的科学教育范式[J].教育科学研究,2010(7):48-51+55.

径的教学理念和学习方式,其整合程度介于单学科教学和超学科教学之间①,旨在培养学生在科学、技术、工程和数学四门"元学科"及相关交叉领域中的跨学科解决问题的能力。在此基础上,美国学者格雷特·亚克门(Georgette Yakman)提出了STEAM教育的概念,即在STEM课程中融入"A元素"(Art),包括艺术、人文、历史、哲学、宗教等学科②,意在促进科学教育和人文教育的融合统一。

在科学课程开展跨学科教学取得成功后,其他学科也纷纷效仿,使之成为各国家和各地区课程实施的一个重要指导理念和改革举措。STEM教育的核心理念是跨学科整合,其中最核心的工作是项目或问题的设计③,因此,基于项目的教学(Project-Based Teaching)和基于问题的教学(Problem-Based Teaching)成为教师在STEM教学中最常用的两种教学方法。基于项目的教学主张打破学科界限,鼓励学生以小组为单位进行开放性探究活动,完成选择项目主题及素材、制定计划、问题探究、设计制作、成果交流与评价的一系列活动④,着力培养学生的创新素养和跨学科实践能力。在项目式教学中,教师着眼于多学科交叉的知识,将多门传统科目的教学内容整合成一个项目式教学课程,以培养学生跨学科、跨领域完成复杂工作的能力⑤。基于问题的教学源于美国20世纪50年代医学领域的教学改革,是一种学生在教师指导下主动参与真实性的活动和任务,以小组合作的形式解决拟真情境中问题的教学策略⑥。随后被选择性地用于初级和中级教育环境中的天才学习者,如在伊利诺伊州数学与科学学院(Illinois Mathematics and Science Academy,简称IMSA)中设置了基于问题的科学和社会研究课程⑦。基于问题的教学将学生置于复杂、有意义的问题情境中,鼓励学生在学习探究活动

---

① 刘登珲.美国综合课程改革指导框架、实施路径与借鉴[J].比较教育研究,2019(12):94-100.
② 秦瑾若,傅钢善.STEM教育:基于真实问题情景的跨学科式教育[J].中国电化教育,2017(4):67-74.
③ 张屹,赵亚萍,何玲,白清玉.基于STEM的跨学科教学设计与实践[J].现代远程教育研究,2017(6):75-84.
④ 柯清超.超越与变革:翻转课堂与项目学习[M].北京:高等教育出版社,2018:129.
⑤ 宋朝霞,俞启定.基于翻转课堂的项目式教学模式研究[J].远程教育杂志,2014(1):96-104.
⑥ 姜美玲.基于问题的学习:一种可资借鉴的教学模式[J].全球教育展望,2003(3):62-66.
⑦ Gallagher S. A., Stepien W. J. Content Acquisition in Problem-based Learning: Depth Versus Breadth in American Studies [J]. Journal for the Education of the Gifted, 1996(3):257-275.

中调动多学科知识和方法解决综合性问题,是组织跨学科教学的有效方式之一。但从实施范围来看,这种教学模式目前主要局限在高等教育领域,特别是医学教育领域,且易受到学校教学资源、教学设施等硬件设施、师资和学校文化等诸多因素的制约[1],较难为基础教育阶段的跨学科教学所采用。

跨学科理论的深入发展及课程改革综合化趋势的不断推进使得跨学科理念由小规模探索逐渐转变为大规模、系统化的实践。区域甚至国家范围内的跨学科实践逐渐兴起,跨学科教学在课程标准或指导文件中有了一席之地。如日本的综合学习蕴藏着丰富的跨学科教学理念,是教师与学生一起基于现实的主题和内容,突破学科和教室的限制,在与客观世界、同伴、自己的对话中所形成的一种"活动的、合作的、反思的"学习[2],其最早出现于1998年的《学习指导要领》中。在此规定下,各学科纷纷削减1/3的课时,以便为综合学习"让道"。日本的小学阶段尤为重视综合学习的开展,每学年约有105~110课时的综合学习教学量,综合学习也一跃成为仅次于国语和数学的"第三大科目"[3]。2008年的《小学校学习指导要领》还设专章(第五章)论述综合学习的总目标、各学校规定的目标及内容、指导计划的制定和内容的处理等,进一步强调综合学习要将各学科、道德、外语活动、专项活动等所学的知识和技能联系起来,便于学生将所学运用到学习和日常生活中,通过综合学习和探究式学习使学生自主思考、独立决策以提升个人解决问题的能力[4]。21世纪初,日本文部科学省制定了小学、初中和高中三个学段的"综合学习(探究)时间"指导手册,并提供了综合学习时间的基本概念和具体实例,着力创建各学段综合学习系统。日本在2017年3月修订的《学习指导纲要》中就重视综合学习,小学版的综合学习实践手册更为重视综合学习,其要求学生在综合学习过程中自主发现问题、自主学习与思考,提升问题解决能力。通过跨学科、综合

---

[1] 连莲.国外问题式学习教学模式述评[J].福建师范大学学报(哲学社会科学版),2013(4):126-133.
[2] [日]佐藤学.教师的挑战:宁静的课堂革命[M].钟启泉,陈静静,译.上海:华东师范大学出版社,2012:4.
[3] 李昱辉.日本综合学习嬗变、特征与问题[J].比较教育研究,2019(1):61-68.
[4] 文部科学省.学習指導要領「生きる力」[EB/OL].(2018-03-28)[2024-02-28]. https://www.mext.go.jp/component/a_menu/education/micro_detail/__icsFiles/afieldfile/2010/11/29/syo.pdf.

性的学习培养学生的"资质能力",提升学生的生存能力(生きる力),以应对瞬息万变的社会[①]。日本"综合学习时间"的设置还给予了跨学科教学个性化发展的空间,因为国家仅规定各年度综合学习的学时总数,综合学习的项目名称、学习目标、教学内容、教学方式等均由学校根据自身情况进行规划。综合学习区别于碎片式的原子化学习,它是基于现实的教学主题和内容,突破学科和学校的限制,强调知识结构的整体性和个人与他人、社会的关联性,使学习者能够综合运用所学解决现实生活问题的一种学习方式,其终极目标是培养各方面整体发展的人[②]。此外,美国多个版本的科学教育课程标准都尤为强调跨学科教学,美国国家研究委员会 NRC(National Research Council)于 2012 年制定的《K-12 科学教育框架:实践、跨学科概念和学科核心概念》(A Framework for K-12 Science Education: Practices, Crosscutting Concepts, and Core Ideas),提出了"模式(Patterns)""因果关系:机制与解释(Cause and Effect: Mechanism and Explanation)""规模、比例和数量(Scale, Proportion, and Quantity)""系统和系统模型(Systems and System Models)""能量和物质:流动、循环和守恒(Energy and Matter: Flows, Cycles, and Conservation)""结构和功能(Structure and Function)""稳定性和变化(Stability and Change)"等七个跨学科领域的通用概念(Crosscutting Concepts),其涵盖了物理科学,生命科学,地球与空间科学,工程、技术和科学应用等四个学科领域的核心内容,是组织幼儿园到十二年级(K-12)跨学科教学的指导概念(见表 1-1)[③]。这七个跨学科概念在 2013 年的《新一代科学教育标准》(The Next Generation Science Standards)和 2015 年的《新一代科学教育标准实施指导》(Guide to Implementing the Next Generation Science

---

[①] 文部科学省. 今、求められる力を高める 総合的な学習の時間の展開(小学校編)[EB/OL]. (2010-11-12)[2024-02-28]. https://www.mext.go.jp/componet/a_menu/education/detaiy_icsFiles/afieldfile/2011/02/17/1300459_1.pdf.

[②] 王鉴,刘静芳. 综合学习:内涵、特点与实施[J]. 中国教育学刊,2023(2):30-35.

[③] National Research Council. A Framework for K-12 Science Education: Practices, Crosscutting Concepts, and Core Ideas [M]. Washington, DC: National Academies Press, 2012:83-102.

Standards)中得以延续,旨在通过跨学科教学促进学生对各学科核心内容的深层次理解,同时能够具备丰富的科学和工程知识、有能力参与科学相关问题的讨论。

表1-1 《K-12科学教育框架:实践、跨学科概念和学科核心概念》中的跨学科概念

名称	内涵	案例
1. 模式(Patterns)	观察到的形式和事件模式指导着组织和分类,它们引发了关于关系和影响关系的因素的问题。	生物学家在研究一个生态系统中几个不同物种的种群密度变化时,可以通过在同一张图上绘制不同物种的增减之间的相关性,并最终找到导致这些模式的相互依赖性和食物网关系的数学表达式。
2. 因果关系:机制与解释(Cause and Effect: Mechanism and Explanation)	事件有其原因,有时很简单,有时是涉及面很多、很复杂的。科学的一项主要活动是调查和解释因果关系及其中介机制。这样的机制可以在给定的上下文中进行测试,并用于预测和解释新上下文中的事件。	疾病可以通过人的接触传播的概念最初受到医学界的怀疑,因为缺乏合理的机制。今天,传染病被很好地理解为通过微生物(细菌或病毒)在感染者与另一个人之间传播。科学的一项主要活动就是揭示这种因果关系,通常希望通过了解这些机制来进行预测,并在传染病的情况下设计预防措施、治疗方法和治愈方法。
3. 规模、比例和数量(Scale, Proportion, and Quantity)	在考虑现象时,至关重要的是要认识到在规模、时间和能量的不同衡量标准下什么是相关的,并认识到规模、比例或数量的变化如何影响系统的结构或性能。	普通肉眼可见的物质的测量中,亚原子尺度的概念是没有太大意义的,而光在给定的距离上传播需要时间的概念在考虑宇宙中的大距离时变得更加重要。
4. 系统和系统模型(Systems and System Models)	定义所研究的系统——指定其边界并明确该系统的模型——为理解和测试适用于整个科学和工程的思想提供了工具。	循环系统可以看作是一个实体本身或作为整个人体的一个子系统;分子既可以作为原子的稳定结构来研究,也可以作为细胞或气体的子系统来研究。

续 表

名称	内涵	案例
5. 能量和物质：流动、循环和守恒（Energy and Matter: Flows, Cycles, and Conservation）	追踪能量和物质流入、流出和在系统内的流动有助于人们理解系统的可能性和局限性。	水在地球大气层与地表和地下储层之间来回流动。任何这样的物质循环在每个阶段都涉及相关的能量转移，所以要充分理解水循环，不仅要模拟水如何在系统各部分之间移动，还要模拟对该运动至关重要的能量转移机制。
6. 结构和功能（Structure and Function）	物体或生物的形状及其子结构决定了其许多特性和功能。	要了解自行车的工作原理，最好的方法是在车架、车轮和踏板等尺度上考察其结构和功能。然而，制造一辆更轻的自行车可能需要了解自行车特定部件所需材料的特性，如刚性和硬度，通过这种方式，建造商可以寻找具有适当性能的密度较小的材料。
7. 稳定性和变化（Stability and Change）	对于自然系统和建造系统来说，稳定性条件和系统变化率或进化率的决定因素是研究的关键要素。	一种特定的生物只能在一定的温度范围内生存，超出这个范围就会死亡。因此，阐明什么样的条件范围可以导致系统的稳定运行，以及什么样的变化会使系统不稳定（以及以何种方式）是一个重要的目标。

（三）映现于核心素养的繁荣时期

21世纪以降，国外教育机构及很多国家都主张在核心素养指导下进行课程体系的变革与推新，改革的一大共同趋势就是对跨学科教学的强调。为培养新时代所需的人才，经济合作与发展组织（Organization for Economic Co-operation and Development，简称OECD）在2015年启动了"教育2030：未来的教育和技能"的项目，在其2018年发布的《OECD学习框架2030》（OECD Learning Framework 2030）中明确提到，适应未知的和不断变化的世界所需的能力是知识、技能和价值观的统一体,其中知识维度包括经验的、程序的、学科的和跨学科的,学生不仅需要基础学科知识,还必须具备跨学科思维和"连接"能力。对此,"教育 2030"项目专家组指出不同国家在进行教育设计时应注意指导学生在掌握基础学科知识之后进行跨学科的协作式学习,实现学习者的学习经验与现实世界的有效联结①。

澳大利亚基础教育阶段的课程有两类:一是围绕综合能力而设定的基础学习领域课程;二是为培养学生全球视野所组织的跨学科主题教育课程,其在 2008 年的基础教育课程结构改革中将跨学科主题教育贯穿在整个基础教育阶段的各个学习领域之中,加强对学生跨文化理解能力以及全球化视野的培养,致力于使青年人具备在全球化的世界里竞争的基本技能、知识和能力②。澳大利亚的课程、评估与报告管理局(Australian Curriculum, Assessment and Reporting Authority)在报告中提到,学科课程和跨学科教学要致力于培养学生的读写(Literacy),算术(Numeracy),信息通信技术(Information and Communications Technology),批判与创造性思维(Critical and Creative Thinking),个人与社会能力(Personal and Social Capability),道德理解能力(Ethical Understanding)以及跨文化理解能力(Intercultural Understanding)等七项综合能力(General Capabilities)③。

进入 21 世纪之后,英国的跨学科学习开始蓬勃发展,逐渐成为各地区教育教学所强调的重点内容,其中,苏格兰地区的跨学科教学改革最具代表性。跨学科学习(Interdisciplinary Learning)是苏格兰小学一种常态的教与学的方式④,其目的在于帮助学生统整和有效利用先前所习得的知识、理解和技能,并从不同的学科角度重新审视一个概念或技能,在加深学生理解的同时也使各学科课程之间更加连贯和有意义。跨学科学习在应对苏格兰的气候变化、自动化和人口结构的变化等挑战方面尤为成功,因为在跨学科学习的过程中,学生与他人进行合作,彼此

---

① 孟鸿伟. OECD 学习框架 2030 [J]. 开放学习研究,2018(3):9-12+19.
② 杜文彬. 澳大利亚中小学课程结构改革及其启示[J]. 全球教育展望,2017(9):37-48.
③ Australian Curriculum. General Capabilities(Version 8.4)[EB/OL]. (2014-03-14)[2024-02-28]. https://www.australiancurriculum.edu.au/f-10-curriculum/general-capabilities/.
④ 吴晓玲. 英国苏格兰卓越课程高中阶段改革述评[J]. 课程·教材·教法,2015(2):122-127.

分享学习经验,借此将集体性知识和智慧转移并应用于新问题或其他学习领域,一定程度上增加了学生广泛参与社会实践的机会,实现了学习与生活的对接。

苏格兰政府在2004年开始探索"卓越课程"(Scotland's Curriculum for Excellence)改革,将跨学科学习作为教育改革的重点任务,明确将其纳入到3至18岁学习者各个学习阶段的课程目标内容及实施中,解决学校课程的混乱、堆砌问题,如《建构课程3:学习和教学的框架》(Building the Curriculum 3: A Framework for Teaching and Learning)文件为跨学科学习提供了政策支持。"卓越课程"改革鼓励跨学科和整合式的教学方式,注重学科领域之间的交叉与渗透,主张以学生为中心的课堂实践,强调课程的范围是丰富且超越具体学科(Beyond Subjects)的,其划分了表现艺术、健康与福祉、语言、数学、宗教和道德教育、自然科学、社会科学和技术等八个综合性的课程领域,主张开展跨学科项目和研究,还列举了诸如识字、算术和公民身份等跨学科主题,旨在帮助儿童和年轻人获得21世纪生活所需的知识、技能和品性,培养成功的学习者、自信的个人、负责任的公民和有效的贡献者[①]。跨学科教学不同于传统的学科本位的教学模式,它可以采取个人一次性项目或更长周期的课程形式,需要基于从不同课程领域或学科中汲取的经验和成果,围绕明确的教学目标进行规划,确保技能、知识和理解等方面的进步,还能促进基于兴趣的混合阶段学习(Mixed Stage Learning)。此外,阿伯丁的哈兹勒海德学校(Hazlehead School, Aberdeen)设置了我们的历史世界(Our Historical World)、我们的科学世界(Our Scientific World)、全球世界(Our Global World)等跨学科主题,将各学科聚焦在一个连贯的方案和项目中,构建了学习者主导的跨学科学习项目的八阶段模型,以提升学习者的思维能力,帮助其承担更多的学习责任[②]。

[①] Education Scottish. Building the Curriculum [EB/OL]. (2022-11-22)[2024-02-28]. https://education.gov.scot/curriculum-for-excellence/curriculum-for-excellence-documents/building-the-curriculum/.
[②] Scottish Government. Curriculum for Excellence Building the Curriculum 3(a framework for learning and teaching)[M]. Scottish Government: Edinburgh, 2008:21.

21世纪初,加拿大安大略省的中小学课程结构改革强调在小学阶段重视科目的综合性,在中学阶段开展跨学科课程,着重培养批判性思维和问题解决能力(Critical Thinking and Problem Solving)、创造力、探究和创业精神(Creativity, Inquiry and Entrepreneurship)、合作和领导能力(Collaboration and Leadership)、沟通能力(Communication)、全球公民意识和性格(Global Citizenship and Character)等全球素养(Global Competences)[1]。2015年,联合国教科文组织(UNESCO)发布的报告《反思教育:向"全球共同利益"的理念转变?》(Rethinking Education: Towards a Global Common Good?)提出,当今复杂多变的环境要求教育整合各种知识体系,采取整体的教育和学习方法帮助个人具备应对人类生存各方面问题所需的能力,使其能够帮助人们在特定情况下以富有创造性和负责任的方式运用有关知识(如信息、理解、技能、价值观和态度多方面)解决问题、满足需求[2]。随后,在《2030年教育行动框架》(The Education 2030 Framework for Action)中指出,采用跨学科的办法可以确保学习者掌握实现可持续发展所需的知识和技能[3]。其在《共同重新构想我们的未来:一种新的教育社会契约》(Reimagining Our Futures Together: A New Social Contract for Education)中多次提到跨学科,强调采用跨学科教学方法培养学生批判和应用知识的能力[4]。芬兰的现象教学(Phenomenon-Based Teaching)通过生活"现象"联结语言、科学、经济等科目,在探讨与真实世界相关的主题过程中关注学生的社会性合作和问题解决能力,促进教学综合化,是一种涉及面更广、融合程度更深的跨学科主题教学模式,致力于培养七项"共通素养"。

---

[1] 周靖毅.加拿大安大略省中小学课程结构改革的动向与启示[J].全球教育展望,2017(4):40-51+75.
[2] UNESCO. Rethinking Education: Towards a Global Common Good? [EB/OL]. (2015-04-22)[2024-02-27]. https://unesdoc.unesco.org/ark:/48223/pf0000232555.
[3] UNESCO. The Education 2030 Framework for Action [EB/OL]. (2015-11-04)[2024-02-27]. https://unesdoc.unesco.org/ark:/48223/pf0000245656.
[4] UNESCO. Reimagining Our Futures Together: A New Social Contract for Education [M]. Paris: UNESCO, 2021:95-99.

二、跨学科主题教学在我国的发展

20世纪后半叶,我国学者开始在国外跨学科理论研究及实践经验的基础上进行中国本土的跨学科整合探索。随着跨学科研究的不断深入,研究者依循自身的价值立场和整合观念提出了不同的跨学科课程理念,推动着我国跨学科教学理论与实践的纵深发展。总体来看,我国跨学科主题教学历经了依托于课程整合的初步探索时期,到主要体现于综合实践活动课程的初步成型时期,再到"新课程方案"和"新课标"指导下的大发展时期。

(一) 基于课程整合的初步探索时期

与国外跨学科主题教学的理论与实践最初依托于课程整合相似,我国跨学科主题教学也滥觞于教育领域以课程整合来消弭分科课程造成的知识割裂问题。改革开放后,学校系统的恢复与建设,有效提升了学校的教育教学质量,为国家培养了大批牢固掌握学科知识的人才。不过,由于过于强调分科的课程设置与教学,导致科目庞杂、内容繁难,以及所学知识缺乏与生活和社会的联系,致使学生负担过重和厌学情绪浓厚。这促使一些学者开始思考借鉴国外的课程整合理论,以克服我国分科设置课程的弊病。而恰在此时,课程整合模式的代表人物英格拉姆(J. B. Igram)和雅克布斯(H. Jacobs)等人的课程整合思想逐渐成型,并成为引领发达国家进行跨学科课程整合实践的理论指引。

在此背景下,我国一些学者将在国外具有较多运用并取得了良好效果的课程整合思想引入我国,以期为克服我国基础教育领域课程过度分化而产生的弊端寻找理论突破口。如吕达将英国学者英格拉姆(J. B. Igram)的《综合课程和终身教育》(Curriculum Integration and Lifelong Education)的第三章和第四章翻译,刊载在《课程·教材·教法》1985年第2期、第3期和1986年第10期上,分别从认识论、心理学和社会学方面分析了课程整合的作用以及综合教学的原理和实践等。

　　人们在进行理论探讨的同时也开展了一些改革实验,其中最有影响力、最系统的莫过于东北师大附中的综合课程改革。1984年,国家教委立项"初中课程改革和综合教材的研究与实验",并将项目委托给东北师大附中,由此开启了东北师大附中多学科课程整合模式的实验。在借鉴国外课程整合理论与实践的基础上,经过两年的研究,东北师大附中于1985年底编制了《自然科学基础》和《社会科学基础》两套综合教材,前者将物理、化学、生物和自然地理进行整合,后者将政治、历史、地理(除自然地理部分外)进行整合。不过由于两套教材的编写人员是按照学科进行分组的,物理专家和物理教师负责编写物理章节,化学专家和化学教师负责编写化学的章节等,当各小组编写完毕后再将其组合,并且各分小组又有其各自的指导思想和编写原则[①]。这就导致所编写的教材没有真正将各学科综合起来,呈现出典型的拼盘特点。此外,由于师资力量限制,在教学实践中只能选择物理教师讲授物理知识,化学教师讲授化学知识的方法进行上课,导致课程的综合性在实践中也未充分体现。虽然有上述诸多缺陷,但是东北师大附中的综合教材中减少了不同学科之间的重复性内容,在备课阶段也尝试采用集体备课以增进教师对其他学科内容的了解,都为之后我国通过课程整合进行跨学科课程与教学的实践提供了借鉴和启示。

　　从20世纪80年代末开始,我国学者有意识地在借鉴国外课程整合理论的基础上,对课程整合模式的理论基础、设置、管理、整合的深度与广度等进行了初步探讨。随着课程整合模式实践的大规模开展,一些学者通过对现有课程整合实践的调研,从实证角度为其科学实施提供了一些宝贵的建议,如应该创立知识内容高度融合、逻辑严密和结构紧凑的综合课程教材新体系,避免各学科内容相互割裂的拼盘式整合;要成立跨学科课程整合专题研究小组,从理论上为课程整合模式的实施提供理论指导;通过跨学科教研等方式,提升教师的全学科意识和能力,

---

[①] 贾明.编写四年制初中综合教材《自然科学基础》化学部分的指导思想和编写原则[J].化学教育,1987(1):22-24.

保障课程整合在实践中的有效落实等①。

该时期,基于课程整合实现跨学科课程与教学的落实还体现在综合课程的设置与实施方面。1988年,在国家教委"全国九年义务教育教材规划会议"后,上海市和浙江省的综合课程改革实验几乎同时启动②。在综合课程设置方面,上海市和浙江省在7—9年级的社会学科与自然学科设计了综合型课程。综合型的社会学科称为"社会",将历史、人文地理和社会学的一些基础知识融合在一起;综合型的自然学科称为"理科",在小学自然学科的基础上,学习有关自然地理、物理、运动、能、生命科学、宇宙、地理等方面的初步知识③。此外,广东省对高中综合课程的研究与实验从1996年开始,集中力量开发综合文科和综合理科两种新课程。

该阶段课程整合的实验不仅范围广泛,在整合的深度上也有所突破,以浙江省综合理科的实验为例,综合理科课程主要围绕"人与自然的关系"展开,以人类认识自然、认识自身、利用自然、改造自然、保护自然、保护自身作为内容设置的主线,以神奇的大自然、生命运动、物质和运动、人与自然、自然原理的运用、科学和生活等为各册教材的主题,将生物、物理、化学、地理、天文等内容进行整合,同时借鉴国外STS课程理念,让学生体验科学与技术应用,科学、技术与社会之间的互动关系等。不过,教材整合的程度依旧偏低,拼盘的痕迹依旧明显。在课程实施中,由于综合课程师资的匮乏,仍然存在着综合课程分科讲授的问题。而且从全国来看,这一时期采用综合课程的地区仍然不多,主要集中于东部沿海发达省市。

(二) 依托于综合实践活动课程的初步成型时期

20世纪90年代末,随着我国综合育人、素质教育等育人理念和教育理论的提出与推行,综合课程被视为能够有效撬动课程结构、改进教学方式,进而实现学生综合素质全面提升的重要途径。1999年启动的"跨世纪素质教育工程"将综合课

---

① 白月桥.我国中学综合课程研究现状与改革前景[J].教育研究与实验,1992(2):5-8+39.
② 崔允漷,张俐蓉.我国三套义务教育课程方案比较[J].课程·教材·教法,1997(5):56-59.
③ 崔允漷,张俐蓉.我国三套义务教育课程方案比较[J].课程·教材·教法,1997(5):56-59.

程视为推动基础教育现代化课程体系改革的重心,为跨学科教学的发展提供了政策保障与时代契机。

自20世纪末我国陆续出台了一系列文件,借助综合课程、综合性学习等载体不断地凸显跨学科教学理念。1999年,中共中央、国务院印发了《关于深化教育改革全面推进素质教育的决定》,要求调整和改革基础课程体系和结构,改变课程过分强调学科体系的状况,加强课程的综合性。2001年,全国基础教育工作会议和国务院《关于基础教育改革与发展的决定》又进一步提出,为构建适应时代发展、符合素质教育要求的基础教育课程体系,要优化课程结构,小学加强综合课程,初中分科课程与综合课程相结合,高中以分科课程为主[1]。同年,教育部印发了《基础教育课程改革纲要(试行)》,从课程改革目标、课程结构、课程标准、教学过程、教材开发与管理、课程评价和课程管理七个方面来规范改革,重点强调推进综合学习、增加课程间的关联,以改变各学科课程缺乏整合、知识碎片化的问题。为落实上述改革理念,教育部印发了《义务教育课程设置实验方案》,自2001年秋季起开始在全国27个省(自治区、直辖市)的38个试验区进行义务教育课程改革实验工作,要求加强学科渗透,保证课程的综合性、实践性,以构建符合素质教育要求的基础教育课程体系[2]。在此政策的指导下,各试验区根据本地区社会、经济、文化发展的实际情况进行课程改革,开始尝试突破学科界限,在课程计划中加入跨学科的内容。

在此背景下,将课外活动规范化为独立形态的综合课程便走入政策制定者的视野。在总结我国课外活动实践经验和积极借鉴发达国家综合课程改革经验与理论思考基础上,2001年,《基础教育课程改革纲要(试行)》规定小学3年级至高中增设"综合实践活动"。可以说,综合实践活动的开设是我国课程发展的一个重

---

[1] 中华人民共和国中央人民政府. 国务院关于基础教育改革与发展的决定[EB/OL]. (2001-05-29)[2024-02-28]. https://www.gov.cn/gongbao/content/2001/content_60920.htm.
[2] 中华人民共和国教育部. 教育部关于印发《义务教育课程设置实验方案》的通知[EB/OL]. (2001-11-19)[2024-02-28]. http://www.moe.gov.cn/srcsite/A26/s7054/200111/t20011119_88602.html.

要里程碑,也是我国跨学科课程与教学发展的里程碑,这是因为在综合实践活动设置之前,虽然国家已经意识到跨学科课程与教学的重要价值,并通过政策方面鼓励学校开展课程整合落实跨学科整合的理念,但缺乏独立的综合课程也造成学校在落实跨学科整合理念过程中大打折扣,而综合实践活动课程则为跨学科整合理念的落实提供了重要载体。

在中国第八次基础教育课程改革的推动下,综合实践活动课程开始进入基础教育课堂。综合实践活动课程区别于界限清晰的学科课程,其着眼于学生完整的生活世界和发展需要,要求知识的综合运用,将源自生活情境的具体问题转化为教学活动主题,通过探究、服务、制作、体验等方式,培养学生的综合素质。

2017年,在前期开展综合实践活动课程经验的总结基础上,教育部印发《中小学综合实践活动课程指导纲要》,指出"综合实践活动是从学生的真实生活和发展需要出发,从生活情境中发现问题,转化为活动主题,通过探究、服务、制作、体验等方式,培养学生综合素质的跨学科实践性课程"。[1] 更明确了综合实践活动课程在落实跨学科整合理念中的核心课程地位,强调在设计与实施综合实践活动课程中,要引导学生主动运用各门学科知识分析解决实际问题,使学科知识在综合实践活动中得到综合、延伸与提升,以提升学生的综合素养。

随着综合实践活动课程政策的不断完善,基于综合实践活动课程实施跨学科整合的实践也超越了拼盘式整合,其综合的广度与深度大幅度超越了基于课程整合落实跨学科整合理念的时期。以长沙市为例,为了将新的综合实践课程理念尽快推广,长沙市教育管理部门及学校根据新的综合实践内容体系,建构了五种实施新模式:学校常态实施模式;综合实践与劳动教育整合模式;学校基地互动综合实践与研学一体化模式;学校、家庭、基地、社会多方联动育人模式;综合实践引领

---

[1] 中华人民共和国教育部.教育部关于印发《中小学综合实践活动课程指导纲要》的通知[EB/OL].(2017-09-25)[2024-06-21]. http://www.moe.gov.cn/srcsite/A26/s8001/201710/t20171017_316616.html.

第一章 跨学科主题教学的历史

学校教学学习方式及文化变革模式(见表1-2)①。五种模式下,又分十四类具体方式,在每类方式分别实施的基础上,总结典型案例,梳理实施模型后,示范校推广实施,取得成效后再推广到其他学校。

表1-2 长沙市综合实践活动课程五种实施模式

模式类型	模式分类
常态实施模式	1. 统一主题,系列探究模式
	2. 不同主题的序列安排模式
学校—基地互动研学模式	1. 主题某环节双向互动模式
	2. 主题精品线路联动模式
	3. 长主题双向多轮互动
学校、家庭、基地、社会四方联动	1. 项目引领,多方联动
	2. 长线主题,多轮互动
综合实践与劳动教育整合模式	1. 学校社区互动模式
	2. 学校基地互动模式
	3. 产教融合模式
	4. 学校常规管理模式
引领学校文化变革模式	1. 学科内部专题化整合模式
	2. 跨学科专题整合模式
	3. 学校课程结构性重组

在上述五种模式中,综合实践与劳动教育整合模式涉及了综合实践活动课程与劳动课程相关内容的跨学科整合,比如将《义务教育劳动课程标准(2022年版)》"劳动观念"目标下的相关主题与《中小学综合实践活动课程指导纲要》"价值体

---

① 姜平.以综合实践课程为载体的五育并举课程体系与联动育人机制建构——以长沙市"综合实践活动课程建设推进与实施"成果推广为例[J].中国教育学刊,2022(S1):48-50+58.

37

认"目标中"形成积极的劳动观念和态度"分目标的相关主题进行跨学科整合；引领学校文化变革模式下的"跨学科专题整合模式"则主要涉及综合实践活动课程与语文、数学、物理、化学等学科课程相关主题或内容的跨学科整合，比如将综合实践活动课程中有关扇子的制作的主题与数学中有关图形的认识及测量的内容相结合，让学生在记录、构思、设计、制作扇子的过程，感受数学在操作过程中发挥着重要作用，感悟数学与生活的联系，发现数学之美。

此外，STS、STEM、STEAM等整合理念的引入和本土化也是这一阶段我国开展跨学科教学研究与实践的另一典型做法，并在理论研究和实践探索方面取得了不少成果。STS、STEM、STEAM等教育理念于21世纪初进入我国学术研究与实践探索领域，旨在通过跨学科教学培养学生的STS、STEM、STEAM等素养，即在知识经济社会中接受和适应新技术变化的能力、与他人进行有效交流与沟通并实现跨界合作的能力以及创造性地解决复杂性社会问题的能力[1]。随着研究的不断深入，还出现了STEM+、STEMx等教育理念，其在继承STS、STEM、STEAM等教育理念及其实施模式的基础上，进一步拓展了科学课程与其他科目内容的融合范畴与深度，助推了科学课程跨学科教学理念的深化与落实。但在对STS、STEM、STEAM、STEM+、STEMx等理念进行本土化探索的过程中，研究者以引进西方国家的教育经验为主，缺少对其理论生发环境及中国本土化的思考，导致教学实践中常常出现形式化、过度技术化和价值取向单一化等问题[2]，难以形成完整、系统的理论体系，其跨学科思维和理念还有待发展。

(三)"新课程方案"和"新课标"下的大发展时期

为满足新时代中国式现代化建设的时代要求，促进基础教育的高质量、内涵式发展，我国基础教育改革顺着"双基—三维目标—核心素养"的主线呈螺旋式上

---

[1] Asunda P. A. Standards for Technological Literacy and STEM Education Delivery through Career and Technical Education Programs [J]. Journal of Technology Edufcation, 2012(2):44-60.
[2] 李芒,易长秋. STEM教育的困境与审思[J].中国远程教育,2022(9):27-33+79.

升,现阶段已进入以跨学科主题教学为主渠道落实核心素养教育目标的关键时期。在党的十八大和十八届三中全会所提出的关于立德树人的要求下,北京师范大学课题组联合国内多所高校专家着手进行核心素养研究。教育部于2014年颁发了《关于全面深化课程改革落实立德树人根本任务的意见》,明确提出要制订学生发展核心素养体系,在发挥各学科独特育人功能的基础上,充分挖掘学科间综合育人功能,开展跨学科主题教育教学活动,将相关学科的教育内容有机整合,加强学科间的相互配合,提高学生综合分析问题、解决问题的能力[1]。在此文件指导下,研究制定各学段学生发展核心素养体系成为教育变革的首要任务。2016年,国务院办公厅印发了《全民科学素质行动计划纲要实施方案(2016—2020年)》,其指出要在青少年科学素质行动工作中增强中学阶段数学、物理、化学、生物等学科教学的横向配合,鼓励普通高中开展科学创新与技术实践的跨学科探究活动[2]。2016年9月,中国学生发展核心素养的研究成果正式发布,其以"全面发展的人"为核心,涵盖自主发展、社会参与和文化基础三大领域,综合表现为学会学习、健康生活、责任担当、实践创新、人文底蕴、科学精神等六项素养指标[3]。中国学生发展核心素养是学科核心素养和跨学科核心素养的统一体,是统筹新时代课程标准、课堂教学等环节的中心枢纽,也是破解学科割裂问题的关键线索[4],其着力培养的跨学科素养是决定个体核心竞争力的主要方面。

自2015年起,我国开始基于核心素养系统修订高中阶段的课程方案和各科课程标准,围绕学科核心素养构建高中阶段的课程目标体系。《普通高中课程方

---

[1] 中华人民共和国教育部.教育部关于全面深化课程改革落实立德树人根本任务的意见[EB/OL].(2014-04-08)[2024-02-28]. http://www.moe.gov.cn/srcsite/A26/jcj_kcjcgh/201404/t20140408_167226.html.
[2] 中华人民共和国中央人民政府.国务院办公厅关于印发全民科学素质行动计划纲要实施方案(2016—2020年)的通知[EB/OL].(2016-03-14)[2024-02-28]. https://www.gov.cn/zhengce/content/2016-03/14/content_5053247.htm.
[3] 林崇德.中国学生核心素养研究[J].心理与行为研究,2017(2):145-154.
[4] 徐洁.迈向"核心素养":新中国成立70年基础教育课程改革的逻辑旨归[J].教育科学研究,2020(1):12-17.

案》和语文等学科课程标准(2017年版2020年修订)突出素养导向,高度重视与本学科直接相关的素养内容,凝练了各学科的核心素养,但对学科融合性内容的关注不够。基础教育阶段的改革较为重视学科核心素养和跨学科核心素养的均衡,如北京市《义务教育课程设置实验方案》就提出各门学科课程用不低于10%的课时开展学科内或跨学科实践活动[①],为跨学科主题教学的开展提供了实践基础。教育部在2017年发布的《全日制义务教育小学科学课程标准》中指出,科学学科与小学阶段其他学科的关系较为密切,学校应利用跨学科学习方式,将科学、技术、工程和数学有机地融为一体,大力探索以项目学习、问题解决为导向的课程组织方式,着力培养学生的创新能力[②]。2019年《关于深化教育教学改革全面提高义务教育质量的意见》进一步指出,义务教育领域要探索基于学科教学的综合化教学,设置跨学科作业[③]。

  2022年的"新课程方案"进一步明确提出,各学科要用不少于10%的课时开展跨学科主题教学[④],以跨学科主题教学为载体,着力提升学生核心素养。在此规定下,跨学科主题教学成为义务教育领域各学校乃至各学科必须落实的教学实践板块,是新时代跨学科整合理念的深化与发展。"新课程方案"对跨学科主题教学课时的明确规定及各科"新课标"中有关跨学科主题教学的内容安排、教学提示及评价的相关要求为教师科学组织跨学科教学提供了制度保障和实施依据,进一步保障了跨学科主题教学的体系构建与实践优化,也造就了跨学科主题教学在学理研究、理论视野及实践探索方面的蓬勃发展局面。为落实"新课程方案"和"新课

[①] 北京市人民政府.北京市教育委员会关于印发《北京市实施教育部〈义务教育课程设置实验方案〉的课程计划(修订)》的通知[EB/OL].(2015-07-10)[2024-03-01]. http://www.beijing.gov.cn/zhengce/gfxwj/201905/t20190522_58583.html.

[②] 中华人民共和国教育部.教育部关于印发《义务教育小学科学课程标准》的通知[EB/OL].[2017-02-06][2024-03-01]. http://www.moe.gov.cn/srcsite/A26/s8001/201702/t20170215_296305.html.

[③] 中华人民共和国中央人民政府.中共中央 国务院关于深化教育教学改革全面提高义务教育质量的意见[EB/OL].(2019-06-23)[2024-03-01]. http://www.gov.cn/zhengce/2019-07/08/content_5407361.htm.

[④] 中华人民共和国教育部.义务教育课程方案(2022年版)[M].北京:北京师范大学出版社,2022:5.

标"，《基础教育课程教学改革深化行动方案》进一步指出，在2023年至2027年全面推进教学方式变革行动，聚焦核心素养导向的教学设计、跨学科主题学习等教学改革重难点问题，探索不同发展水平地区和学校有效推进教学改革的实践模式；还特别提到了开展科学素养提升行动，加强科学类课程的跨学科综合教学，遴选推广跨学科综合性实践性教学的优秀案例[①]。2023年5月，教育部等十八部门发布的《关于加强新时代中小学科学教育工作的意见》中指出，深化学校教学改革，依托项目式、跨学科学习等方式提升学生解决问题能力，开展探究实践活动，落实科学"新课标"对跨学科主题学习的要求，力求在教育"双减"中提高科学教育质量[②]。

在各类政策文件的推动下，跨学科教学研究与实践取得了不错的成果，跨学科主题教学理念成为学校育人方式变革的重要推动力。在"新课程方案"的规定下，跨学科主题教学成为我国义务教育阶段各学校教育教学的重要任务，其在肯定传统分科课程的意义及价值的基础上，充分考虑我国的时代背景、教育教学的现实境遇、公民教育观念以及知识社会对所需人才的要求等，以学校为主要阵地着力探索各学科教学的有效整合，较为符合我国文化语境，能够丰富我国课程整合的理论与实践，是适合我国本土课程整合的有效形式。跨学科主题教学是五育融合时代课程整合理念的回归，又聚焦教学层面的融合互补，能避免因课程整合的泛化、随意化问题所导致的课程体系杂乱问题，满足了社会对综合性和创造性人才的需求。

---

① 中华人民共和国教育部办公厅.基础教育课程教学改革深化行动方案[EB/OL].(2023-05-26)[2024-03-01].http://www.moe.gov.cn/srcsite/A26/jcj_kcjcgh/202306/t20230601_1062380.html.
② 中华人民共和国教育部.教育部等十八部门关于加强新时代中小学科学教育工作的意见[EB/OL].(2023-05-26)[2024-03-01].http://www.moe.gov.cn/srcsite/A29/202305/t20230529_1061838.html.

第二章 跨学科主题教学的含义

从跨学科主题教学的发展历史与趋势来看,科学领域的跨学科研究和教育领域的跨学科教育是所有跨学科主题教学领域的重心,其中科学领域的跨学科研究为教育领域的跨学科教育提供了重要的学科知识基础,而教育领域的跨学科教育则为科学领域的跨学科研究提供了应用场所及人才支撑。在二者的相互促进与交融过程中,跨学科主题教学的内涵不断发展,尤其是在我国的"新课程方案"和"新课标"中,其指向核心素养落实、促进五育融合、实现课程内容综合化、教学实施方式项目化的意蕴更加凸显,为实践中跨学科主题教学的科学实施提供了重要依据和指引。

一、跨学科主题教学的两大领域

跨学科主题教学内涵的发展变迁是与其在科学领域的跨学科研究和教育领域的跨学科教育密切相联的,伴随着两大领域有关跨学科主题教学的深入研究与实践,跨学科主题教学的含义逐渐清晰。

(一) 科学领域的跨学科研究

科学领域的跨学科研究(Interdisciplinary Studies,也译为交叉学科研究),其发端于二战期间西方一些大学实验室,后来逐渐演变为学科分化基础上学科交叉融合的基本表现形式以及不同专业科研团队间合作的重要支点[1]。跨学科研究专家朱莉·汤普森·克莱因（Julie Thompson Klein）和威廉·纽威尔（William Newell）将其定义为"解答一个疑问，解决一个问题或单个学科或专业无法应对的复杂主题的过程。"[2]布雷恩·特纳（Bryan Turner）、格兰特·康威尔（Grant Cornwell）和伊芙·斯托达德（Eve Stoddard）等研究者都明确肯定过跨学科研究在医学、科学、文化研究领域的重要价值。在科学自身发展的内在要求下，20世纪的科学在学科继续分化的同时，也在向高度综合化、整体化的趋势发展。其中，多学科（Multidisciplinary）、横断学科（Cross-Disciplinary）、交叉科学或跨学科（Interdisciplinary）、超学科（Transdisciplinary）逐渐成为科学技术发展和知识创新的主导范式[3]，这四个概念都涉及两门或两门以上学科的融通交流，明显区别于此前的单一学科研究模式。美国国立卫生研究院（National Institutes of Health）基于医学视角指出，跨学科研究是综合两个或两个以上科学学科的分析能力来解决给定的生物学问题，其资助的人口、性别和社会不平等中心（Center on Population, Gender, and Social Inequality），跨部门神经科学中心（Interdepartmental Neuroscience Center）等都是跨学科研究中心。

总体而言，跨学科研究经历了从多学科研究（Multidisciplinary Research）到跨学科研究（Interdisciplinary Research）再到超学科研究（Transdisciplinary Research）的演变过程，这三类研究都关注多学科领域的整合，但整合程度有细微差别，其中多学科研究涉及两个或多个学科，关注不同范式的同一问题或不同但相关的问题；跨学科研究和超学科研究都涉及两个或多个不同的学术领域，但跨学科研究是用至少两个学科领域的语言描述或定义问题，而超学科研究是用比任

---

[1] 张培,阮选敏,吕冬晴,成颖,柯青.人文社会科学学者的跨学科性对被引的影响研究[J].情报学报,2019(7):675-687.
[2] Klein J. T. Interdisciplinarity and Complexity: An Evolving Relationship [J]. Emergence: Complexity and Organization, 2004(1-2):2-10.
[3] 张琳,孙蓓蓓,黄颖.交叉科学研究:内涵、测度与影响[J].科研管理,2020(7):279-288.

何一门学科都广泛的新语言或理论陈述问题[1]。

德国波恩大学(Universität Bonn)开创了"建模"(Modelling)、"物质"(Matter)"生命与健康"(Life and Health)、"个人与社会"(Individuals and Societies)、"现在和过去"(Present Pasts)和"创新与技术"(Innovation and Technology)等六个跨学科研究领域(Transdisciplinary Research Areas),针对未来的关键科学、技术和社会主题进行跨学科相关研究,意在产生和传授与社会相关的新知识[2]。自2005年始,德国"卓越计划"设立了"卓越集群"的资助项目,以促进跨学科研究的发展[3],在此背景下,德国的亚琛工业大学(Rheinisch-Westfälische Technische Hochschule Aachen)进行跨学科学术组织变革,构建跨学科学术组织运行机制、搭建跨学科教学和研究体系等[4]。为促进国家重大战略发展,满足21世纪经济社会的发展需要,我国高度重视高等教育领域的跨学科研究。2017年,教育部、财政部和国家发展改革委联合印发了《统筹推进世界一流大学和一流学科建设实施办法(暂行)》文件,明确指出,建设世界一流大学和一流学科要突出学科交叉融合和协同创新,鼓励新兴学科、交叉学科的发展[5]。《关于高等学校加快"双一流"建设的指导意见》进一步指出,要整合相关传统学科资源,促进基础学科、应用学科交叉融合,在前沿和交叉学科领域培植新的学科生长点;还要聚焦建设学科,加强学科协同交叉融合,着重围绕大物理科学、大社会科学为代表的基础学科,生命科学为代表的前沿学科,信息科学为代表的应用学科,组建交

---

[1] Aboelela S. W., Larson E., Bakken S., et al. Defining Interdisciplinary Research: Conclusions from a Critical Review of the Literature [J]. Health Services Research, 2007(1):329-346.
[2] UNIVERSITÄT BONN. Transdisziplinäre Forschungsbereiche [EB/OL]. (2024-02-24)[2024-03-01]. https://www.uni-bonn.de/de/forschung-lehre/forschungsprofil/transdisziplinaere-forschungsbereiche.
[3] 包艳华,唐倩,Barbara M. KEHM. 德国高校跨学科科研平台建设研究——以3D制造集群为例[J]. 北京航空航天大学学报(社会科学版),2022(5):177-182.
[4] 张炜,钟雨婷. 亚琛工业大学的跨学科战略实践及其变革[J]. 高等工程教育研究,2017(5):120-124.
[5] 中华人民共和国教育部. 教育部财政部国家发展改革委关于印发《统筹推进世界一流大学和一流学科建设实施办法(暂行)》的通知[EB/OL]. (2017-01-25)[2024-03-01]. http://www.moe.gov.cn/srcsite/A22/moe_843/201701/t20170125_295701.html.

叉学科,促进哲学社会科学、自然科学、工程技术之间的交叉融合①。

(二) 教育领域的跨学科教育

教育领域发展为跨学科教育(Interdisciplinary Education)或整合教育(Integrative Education),也是新时代国内外课程改革的主流趋势。跨学科教育最初应用在高等教育阶段的跨学科性质的综合课程中,如哈佛大学的"通识教育课程"、普林斯顿大学的"综合科学课程"②、明尼苏达大学涵盖社会、历史、文化等知识的"当代文化课程"等,其内涵与现阶段的跨学科主题教学在理念上是一脉相承的。

1967年,美国哈佛大学教育研究生院(Harvard Graduate School of Education)启动了零点项目(Project Zero),从研究与发展幼儿、初等、中等、高等、成人与终身教育等各学段的艺术教育入手改革教育体系,后跳脱艺术学科领域转向学科交叉研究,涉及艺术与美学(Art & Aesthetics)、全球与文化理解(Global & Cultural Understanding)、人文与文科(Humanities & Liberal Arts)、数字生活与学习(Digital Life & Learning)、科学学习(Science Learning)、学科与跨学科研究(Disciplinary & Interdisciplinary Studies)等多个研究主题。随着项目的进一步推进,零点项目专注于跨学科项目化教学研究,开发了一系列跨学科真实性学习实践案例,其跨学科和全球研究(Interdisciplinary and Global Studies)项目旨在了解和促进学者、教师和青年之间的高质量跨学科研究和教育,汇集自然科学和社会科学、艺术、工程和人文科学力量解决复杂的时代问题,培养学习者在两个或多个学科中的整合知识和思维模式,激发学习者潜力③。

---

① 中华人民共和国中央人民政府.教育部　财政部　发展改革委印发《关于高等学校加快"双一流"建设的指导意见》的通知[EB/OL].(2018-08-08)[2024-03-01]. https://www.gov.cn/gongbao/content/2019/content_5355477.htm.
② 田娟,孙振东.跨学科教学的误区及理性回归[J].中国教育学刊,2019(4):63-67.
③ Mansilla V. B. Zero P. Disciplinary & Interdisciplinary Studies [EB/OL].(2017-12-06)[2024-03-01]. https://pz.harvard.edu/sites/default/files/X% 20Boix% 20Mansilla% 20Interdisciplinary% 20Learning.pdf.

项目研究员维罗妮卡·博瓦·曼西拉（Veronica Boix-Mansilla）教授在综合"跨学科"已有研究的基础上提出，跨学科学习是学习者将两个或多个学科的信息、数据、技术、工具、视角、概念、理论等整合在一起，以单一学科手段不可能实现的方式来创造产品、解释现象或解决问题，重点强调涉及两门或多门学科间的对话或互动[①]。

2020年，巴西k-12学校网络和教师发展中心（Centro Educacional de Campos）与哈佛大学教育研究生院零点项目合作开发了k-12公民学习者框架（Citizen-Learners: A 21st Century Curriculum and Professional Development Framework），以培养21世纪所需的思维、学习和创业技能，在本世纪实现卓越教育。学科和跨学科、有意义的主题、终身实践等是培养"公民学习者"（Citizen-Learners）的内容，其中学科和跨学科的知识及思维方式是洞察现象、提出问题、深化理解和解决问题的认识论视角，是应对地球健康、人权和正义等当代挑战的关键。如在小学阶段引发学生对学科内部或跨学科主题的关注；在中学阶段会提供对区域或全球问题的学科和跨学科解读[②]。

2021年，第41届联合国教科文组织大会发表了题为《一起重新构想我们的未来：为教育打造新的社会契约》（Reimagining Our Futures Together: A New Social Contract for Education）的报告，其中提到，我们需要摒弃仅围绕传统科目开发学校课程的狭隘观点，而应以跨学科的宏观视角重新构想课程，在未来课程中组织跨文化和跨学科学习，以帮助学生理解和获取知识的同时提升其批判性思维和创造性应用知识的能力[③]。

---

① Mansilla V. B. Learning to Synthesize: The Development of Interdisciplinary Understanding [M]// Frodeman, R. J., Klein, T., & Mitcham, C. (Eds.). The Oxford Handbook of Interdisciplinarity. Oxford: Oxford University Press, 2010:288-306.
② Project Zero. Citizen-Learners A Framework for 21st Century Excellence in Education [EB/OL]. (2020-12-09)[2024-03-01]. https://pz.harvard.edu/projects/Citizen-Learners.
③ 联合国教科文组织.一起重新构想我们的未来：为教育打造新的社会契约[M].北京：教育科学出版社，2022:64-76.

为加强高等教育领域的跨学科教育，UNESCO 于 2022 年在西班牙巴塞罗那举办了"第三届世界高等教育大会"（The 3rd World Higher Education Conference），会上公布了"超越极限：重塑高等教育的新路径"（Beyond Limits: New Ways to Reinvent Higher Education）一文,指明了未来十年高等教育发展的关键原则和变革方向。文章明确提出,学科专业化虽然很有价值,但现在及未来社会中的许多复杂性问题更需要跨学科的方法加以解决,重塑高等教育需要从仅关注学科或专业的训练转变为着眼于学生全面的学习体验、从单一学科（Disciplinary Silos）教学模式转变为学科间或跨学科（Inter-Disciplinarity）、超学科（Trans-Disciplinarity）的教学模式,使学生具备从不同学科角度思考和工作的能力,与不同领域的人进行跨学科合作与对话。

二、跨学科主题教学的内涵解析

随着国内外跨学科课程与教学理论与实践的发展,学术领域和教育领域对其概念内涵的认识与理解逐渐深入,为当前深入开展跨学科主题教学实践起到了重要指导作用。

（一）相关概念解析

义务教育"新课程方案"和"新课标"视域下的跨学科主题教学是隶属于教育领域的跨学科教育的重要构成部分,其旨归在于培养学生的综合素质,全面提高学生的核心素养,而达成目标的关键则在于教学这个学校教育的核心载体。所以,要厘清跨学科主题教学的本质内涵还需要明确与跨学科主题教学相关的若干概念,尤其是在教学这个学校场域的主活动中相关的概念。

1. 教学

教学是学校教育工作的核心和主要途径,也是嵌入跨学科理念的重要场域,厘清教学的内涵本质是践行跨学科的关键一环。学界关于教学内涵的界定大致存在两种倾向。

一是从广义上理解教学的概念,认为教学是包括"教"和"学"这两类行为的全部活动。如王策三教授指出:"教学是教师教和学生学的统一活动。"[①]李秉德教授提出:"教学是指教的人指导学的人进行学习的活动,即教和学相结合或相统一的活动。"[②]顾明远教授认为:"教学是以课程内容为中介的师生教与学的共同活动。"[③]这类概念界定似乎更贴近语言学的视角,即"教学"这一个词是由"教"和"学"两个语素构成,每个语素都有其词汇意义或语法意义。

二是狭义上认为教学主要指向教师的教。如帕特丽夏·L·罗伯茨(Patricia L. Roberts)和理查德·D·克洛夫(Richard D. Kellough)提出,教学是为帮助学习者理解所学知识并实现行为所进行的有计划的安排[④]。《现代汉语词典》将教学定义为:"教师把知识、技能传授给学生的过程。"[⑤]这类理解较为偏向教师作为"教学"的行为主体所进行的活动,但也不是对学生"学习"活动完全忽视。

综合来看,若要将教学作为一个研究对象,就不能简单地将其归咎为某一类活动,而应该将其视为一个动态的过程,即教学是教育人员在课程方案及课程标准的指导下,依据学校培养目标有目的地指导学生进行学习以提高其核心素养的一系列活动。正如伦敦大学国王学院教授保罗·赫斯特(Paul H. Hirst)所说,从技术上讲,教学是一种多样的活动,其可以采取多种不同的形式,澄清活动的目标是描述教学活动的前提,所有教学活动的目的都是为了学习,更进一步讲在于人的改变,而不仅仅是创造新知识。总的来说,教学活动是一个人 A(教师)的活动,其意图是由一个人 B(学生)参与一项活动(学习),其目的是达成某种最终状态(例如知道、了解),其目标是 X(例如信仰、态度、技能)。此外,教学是教师活动的标

---

① 王策三. 教学论稿[M]. 北京:人民教育出版社,1985:88-89.
② 李秉德. 教学论[M]. 北京:人民教育出版社,1991:2.
③ 顾明远. 教育大辞典(增订合编本)[M]. 上海:上海教育出版社,1998:711.
④ [美]Roberts P. L.,Kellough R. D. 跨学科主题单元教学指南[M]. 李亦菲,等,译. 北京:中国轻工业出版社,2005:6.
⑤ 中国社会科学院语言研究所词典编辑室. 现代汉语词典(修订本)[M]. 北京:商务印书馆,1999:640.

签,学校中的有意教学(Intentional Teaching)和无意教学(Unintentional Teaching)的最终目的都是促进学生的有意学习[1]。

2. 主题教学

主题教学源于20世纪30年代美国芝加哥大学亨利·克林顿·莫里逊(Henry Clinton Morrison)教授提出的"单元教材精习制(教学法)",也被称为"莫里逊制",要求教师将教材划分成学习单元,依照学生能力和兴趣确定了探究、提示、理解、推理或系统化和复述五个教学环节,要求学生在一段时间内学习一段材料或解决一个问题,以促进其人格发展[2]。

美国学者拉瓦尼·艾格尼丝·汉纳(Lavone Agnes Hanna)于1955年将主题教学界定为"一种围绕具有社会意义的课题展开的有目标的学习体验,这种课题是一个横断各学科且基于儿童个体需求的意义整体"[3]。主题教学在20世纪60年代被应用于意大利的幼儿教育,20世纪70年代在英国探索实行,后在"核心知识课程改革"的推动下,成为西方课程整合理念的产物[4]。此后,我国学者开始关注这一理念,并进行有关理论研究及实践探索。

窦桂梅老师重视教学过程的生成性,将主题教学定义为以主题统整多个文本,在重过程的生成理解中,实现课程主题意义建构的一种开放性教学。在语文主题教学过程中,窦老师着重进行学科知识体系及学生生命活动两方面的整合[5]。李祖祥教授强调主题教学的跨学科性,将其界定为借助跨学科领域的主题探究活动发挥学生的主体建构性和主观能动性,从而实现全面发展的教学活动方式[6]。

综合来看,主题教学打破了知识点的碎片化教学方式,是以跨学科综合问题

---

[1] Hirst H. P. What is Teaching?[J]. Journal of Curriculum Studies, 1971(1):5-18.
[2] 玲如.莫里逊单元教学法[J].上海教育科研,1985(5):41+28.
[3] Agnes H. L. Unit Teaching in the Elementary School [M]. New York: Rinehart, 1955:177-183.
[4] 熊张晓.跨学科理念下小学数学"综合与实践"领域主题式教学设计研究[D].西南大学硕士学位论文,2022:14.
[5] 窦桂梅.主题教学的思考与实践[J].人民教育,2004(12):32-34.
[6] 李祖祥.主题教学:内涵、策略与实践反思[J].中国教育学刊,2012(9):52-56.

为轴心组织学生进行跨学科探究及学习,以主题统整多学科知识要素,以学生核心素养的提升为旨归的教学活动。

(二) 跨学科主题教学的概念释义

跨学科主题教学是我国2022年课程方案修订中所提及的新概念,但跨学科教学的理念由来已久并持续赋能各国教育变革与实践,渐成为一个国际通行的教育概念。各国基于本地区教育实际对跨学科主题教学进行个性化考量,并在其基础上对其进行概念表征和学理性探讨,总体来说,国内外学术界主要从两种视角审视跨学科主题教学的内涵,一种是基于"主题"立场进行概念阐释,即将综合性、跨学科的主题或问题视为多学科联结互动的有效支点,认为跨学科主题教学是围绕综合问题展开的教学,是相对广义的理解;另一种认识则偏重"学科"立场,认为跨学科主题教学是依循某一学科立场及范式基础上所组织的多学科对话交流,是相对狭义的诠释。这两类略有差异的概念阐释决定着跨学科主题教学的不同立场和实践方向,直接导致了跨学科主题教学设计与实施的"学科—融合"和"主题—融合"两种取向。

广义的理解是将学科界限模糊的综合性主题、两个或以上学科的共通性原理及概念作为整合多学科知识及方法的焦点和轴心,重在凸显跨学科教学的"主题"特性,强调以"主题"凝聚多学科合力,助力教育高质量发展。针对这一概念取向,有研究者提出,跨学科主题教学是以主题或议题为载体,以提升学生跨学科素养为导向的教学活动[1]。有学者从学生视角指出跨学科主题学习是运用主题(如项目、任务、课题)的形式整合学习内容[2],是以学科学习为立足点,融合两门或两门以上学科知识、方法去解决真实问题的一种学习方式[3]。其虽提到了坚持学科立

---

[1] 李洪修,崔亚雪.跨学科教学的要素分析、问题审视与优化路径[J].课程·教材·教法,2023(1):74-81.
[2] 李俊堂.跨向"深层治理"——义务教育新课标中"跨学科"意涵解析[J].四川师范大学学报(社会科学版),2022(4):116-124.
[3] 万昆.跨学科学习的内涵特征与设计实施——以信息科技课程为例[J].天津师范大学学报(基础教育版),2022(5):59-64.

场,但不是指将其置于某一学科场域,而是意在强调跨学科教学不能"去学科化",其教学内容涉及面较广、融合程度较深,很难适配当前的学校教学制度及时空环境,往往需要在各学科的日常教学外单独开辟一个专门的板块展开跨学科教学,这无疑是对现有教学体制的冲击与影响。这一定义取向颇为接近芬兰在2014年基础教育核心课程改革中提出的"现象学习"(Phenomenon-Based Learning),即通过在教学中探讨与现实世界相关的"现象或主题"来联结语言、科学、经济等核心学科内容,突破单学科教学模式以实施多学科教学。但芬兰现象教学的主要发生场域不是学科课程,而是被置于学校统一组织的多学科学习模块(Multidisciplinary Learning Modules)中,因此,其跨学科教学的实施场域不仅涉及校内,更多的是发生在校外的自然社会中,可利用的教学资源是丰富且天然的,所对应的素养目标自然也更为贴近学生生活和社会需求,教学的实用性得以有效增强。

狭义理解下的跨学科主题教学是以一门学科为轴心,辐射多学科的融合模式,即以某一门学科为主体,根据主学科的素养目标、学科内容等选定中心主题,并依据问题锚点选择与之相交叉的其他学科进行横向联结的教学。其坚守主学科的本体立场和学科范式,致力于解决仅依靠本学科力量无法解决的问题,主要生发于本学科日常教学中。如地理"新课标"明确指出,地理跨学科主题学习是以地理学科内容为主干,运用其他学科相关知识和方式开展的综合性学习[1]。有研究者提出,跨学科主题教学是以某一学科课程内容为主[2],跨越其他学科所设计的一系列探究活动[3],这一定义取向颇为接近德国对跨学科教学的有关规定。德国萨克森州在2004年8月开始实施的新教学大纲中明确提出了跨学科教学(Fachuebergreifender Unterricht)的概念,即以某一个学科为中心,在这个学科中选择一个核心议题或问题,并运用不同学科的知识,展开对所指向问题的深度教学加工和设计,以培养学习者运用跨学科知识及思维解决复合性问题的能力,与

---

[1] 中华人民共和国教育部. 义务教育地理课程标准(2022年版)[M]. 北京:北京师范大学出版社,2022:21.
[2] 杨明全,赵瑶. 从分化到融合:跨学科主题学习的三重维度[J]. 教育科学研究,2023(5):5-12.
[3] 张紫屏. 跨学科课程的内涵、设计与实施[J]. 课程·教材·教法,2023(1):66-73.

此同时还规定了每学期的跨学科教学时间约占总课时的10%[①]。此外,美国的"STS、STEM、STEAM、STEAM+"等教育理念最初也是着眼于科学教育来组织和整合多学科内容,是以科学学科为本位的跨学科教学活动,其教学内容和整合目的是源自并服务于科学学科的。

对跨学科主题教学概念的广义和狭义界定主要根源于学者对"整合"的理解不甚相同。持广义理解的学者将"整合"视角投射于日常生活和现实社会,其跨学科思维跳脱学科场域,致使教学的"跨学科性"尤为突出且往往带有一定的"超学科"色彩,是对单学科教学的彻底反思和突破。但是,广义融合理念指导下的跨学科主题教学易偏离学科立场,忽视学科的特定育人属性和价值,在实践中会泛化为课程整合、综合实践活动课程、项目式教学、研学旅行等业已存在的教学理念或实践模式,湮灭了跨学科主题教学的特定时代属性和独特育人价值。"新课程方案"规定各门课程的跨学科主题教学都应占据本学科的10%课时,意图从各学科内部推行跨学科主题教学,要求各科目教师依据本学科性质、目标、概念、问题设计教学,是更倾向于狭义概念的做法。在"新课程方案"的规定下,每门学科都是跨学科主题教学的实践场域,从实施主体维度上就有别于地方统筹管理和指导下由学校负责内容开发的综合实践活动课程、中小学研学旅行或移植国外理念基础上进行地方或学校层面本土试验和研究的STEM、STEAM、项目式教学等模式。在新一轮义务教育课程改革背景下,遵循狭义概念的跨学科主题教学在坚守学科立场的同时又突破单一学科的桎梏,直面学科间缺乏联通、知识碎片化等现实问题,旨在通过"融合"教育帮助学习者形成完整的认知结构,培养学生的跨学科知识、价值观念、思维模式以及创造性地解决复杂的、难以预测问题的综合能力,是素养改革时代学校育人方式的重要转型。正因如此,本书采用跨学科主题教学的狭义界定,并将其界定为:跨学科主题教学是学校或教师基于对已有课程的系统分析,围绕学生感兴趣的现实世界主题,以一门学科为主体、跨越其他学科,设计

[①] 杜惠洁.德国教学设计的理论与实践研究[D].华东师范大学博士学位论文,2006:93.

相互联系的系列探究活动,引导学生经历发现、分析和解决问题的全过程,以深化和拓展学生对学科知识的理解,发展与提升学生高阶思维能力的教学活动。

三、新课标下跨学科主题教学的核心特征

基于学科立场的跨学科主题教学较为符合本次义务教育课程标准修订背景下教学变革的现实取向,满足了知识经济社会对具备跨学科综合素养人才的需求,在新时期呈现出如下突出特点[①]。

(一) 坚守学科立场的"知识"本源

跨学科的本源和基点是学科,是对学科内容的进一步丰富和发展,是基于具体学科理论范式、话语体系及价值旨归的多学科融通。跨学科以原学科的知识范畴为视点,对相关学科的教学内容、方式方法、原理及概念体系等进行逻辑重整,在多学科内容融通基础上进行教学再造。跨学科主题教学是对学科内核的纵向深化和学科外延的横向扩展,不是对单学科教学价值及意义的否定,因而不能过度强调跨学科的作用而贬低单学科的意义。跨学科意在软化学科边界,而不是去除学科边界,应在坚持学科本源基础上避免"去学科化"。此外,新时期的跨学科主题教学理念不同于美国进步主义教育运动中的非学科中心取向的课程整合,其还是根植于学科知识与方法的多学科融合,不是脱离学科框架、无所不包的"超学科化"统整。

(二) 超越单学科范畴的"跨"本位

跨学科就是指打破主学科内容界限,借用其他学科的知识、方法、思维、逻辑

---

① 吴晓楠,王飞.新课标导向下跨学科主题教学的概念厘定、本质特征及实践进路[J].教育科学论坛,2024(2):21-25.

等拓宽学习领域,以服务于本学科内容的讲解或问题的解决,回应单学科教学本位下各学科课程内容的割裂和重复问题。跨学科整合涉及两门或以上学科的意义联结和逻辑统整,其并非多学科知识内容的简单叠加或机械拼凑,因而在组织跨学科主题教学时不能只着眼于学科内容的相关,而是需要借助其他学科内容、方法或视角实现本学科内容的拓展延伸或学科问题的深度解决,进一步加深学生对本学科内容的理解,避免跨学科走向庸俗化和浅表化。假使在跨学科时仅考虑表层内容的相关,而不追溯内容间共通的本性、价值、逻辑等要素,所"跨"内容没有指向某一观念或原理,就会使得跨学科主题教学成为多学科内容的知识拼盘,导致实践中"跨而不合"的问题。只有那些被抽离出来且能体现本学科特性的知识之间形成内在的有机联系并指向于特定的概念,学生才能够超越给定的信息本身获得个人的新理解,并真正内化学科知识、获得迁移应用的能力[①]。此外,"跨"学科这一教学行为的发生不是随意和无间断的,不能试图整合所有相似知识点而陷入"为跨而跨"的旋涡中,而应关注不同学科间的内在联系,在考虑彼此的渗透性和干预性的同时又立足于每一门学科的特殊性。因此,"跨"应该发生在应用本学科知识难以妥善处理某个问题时,是基于学科需要和学生发展需要综合考量的结果,避免其成为一种额外负担被强行"塞进"现有的教学体系中[②]。

(三) 融通学科与生活的"主题"本意

主题或项目是开展跨学科主题教学的载体,链接着教学实施的整个过程,能够在学科、学生与生活三方之间建立有效联结。相比 2001 年和 2011 年版的课程方案和各科课程标准,本次义务教育课程修订的一大亮点是进一步优化了课程内容结构,根据素养目标遴选了体现学科内综合、学科间统整的主题内容,以主题的

---

① [美]格兰特·威金斯,杰伊·麦克泰格.追求理解的教学设计(第二版)[M].闫寒冰,等,译.上海:华东师范大学出版社,2017:71-76.
② 中国教育科学研究院课程与教学研究所课题组,郝志军,杨清,刘晓荷.中小学跨学科课程融合的问题与对策[J].课程·教材·教法,2022(10):60-69.

形式整合零散的学科内容,促进课程的综合化实施。以主题为轴心展开教学能够解决学科与学科、学科与生活相互割裂的问题,引发学生对学科关系的深入思考,如"探寻红色文化的历史基因""历史地图上的世界格局""生态环境与社会发展"等跨学科主题融入了历史、道德与法治、地理、语文等学科元素,在各学科的交流互动中生成新知识、创造新思想①。此外,以主题作为反映现实境况的载体,能够让教学回归真实生活,引导学生走出课堂、走进生活和社会,应用学科知识分析并解决学生日常生活及社会热点问题,在生活的细微之处探寻学科印记,这进一步拓展了跨学科教学的空间,实现了学科与现实的联结。

(四) 追求"做中学"的跨学科"实践"本质

跨学科主题教学将实践活动作为引领载体来融合各学科知识,主张学生在实践活动中进行自主研习,重视学生直接经验的获取,改变了此前以讲授、思考为主的静态教学方式。在跨学科实践过程中,学习者在亲身探索、发现、实验等过程而非知识识记中获得实践感及体验、反思事物的能力,能够从课堂场域中抽离出来,在活动中学习、改造、综合运用多学科知识,提升跨学科整合思维及自主创新能力。此外,学习者在实践过程中始终处于主动参与和积极改造事物或对象的实践状态,并根据自身对整体情境的把握及外部的有效反馈进行实践中的反思,在直面现实问题或情境并深度参与真实的生产生活实践过程中,经由深刻思考、透彻体验形成深度的直接经验,并在实践过程中通过直接经验"活化"间接经验,以实现直接经验与间接经验的相互融通,促进体脑结合,实现人的全面发展。

(五) 亲历问题解决的"学习者"本体

在由知识本位走向素养立意的教育变革时代,跨学科主题教学以真实情境中

---

① 中华人民共和国教育部. 义务教育历史课程标准(2022年版)[S]. 北京:北京师范大学出版社,2022:39-44.

的问题为基点链接课堂内外与学校内外,要求学生在问题解决中提升思辨分析、搜集并处理信息、交流沟通、探究创造等综合素养,凸显了"新课标"背景下课程的价值追求。联结多学科知识的真实问题在教学与生活之间搭建起桥梁,学生置身于复杂的情境中,其生活具有完整性、不可确定性,为回应现实和未来的不确定性,需要学生主动地学习不同学科的知识并进行创造性地整合以解决问题,从知识的搬运工转变为整合及内化者,提升指向未来的学习力和生存力。因此,跨学科主题教学重在创设高仿真情境,引导学生经历发现、提出、分析和解决问题的完整过程,不能只让学生见到知识的影子,而要让他们在真实情境中感悟、发现、创造并应用知识。跨学科主题教学中的问题解决并非着眼于单科知识的累加或单项技能的提升,而在于综合调动和运用不同学科知识,激发学生的主动学习,培养其高阶思维和跨学科理解能力,有效促进静态的学科知识向可迁移的生活技能之间的转变,进一步强化学科与学生个人及生活的关联。

第三章　跨学科主题教学的意义

跨学科主题教学是基于教育目标、课程内容、教学逻辑对已有学科范式的再组织，具有特定的时代意涵和价值取向，是当今时代育人方式变革的必然产物，对转变课程和教学组织方式，提升学生核心素养具有重要的价值和功能。

一、跨学科主题教学的价值定位

跨学科主题教学秉承新一轮基础教育课程修订的主导理念，是一项建构综合性课程、形塑结构化教学的新举措，其培养目标、教学组织和操作过程明显区别于此前的教学方式，在价值旨归、内容向度及实践路向等方面呈现出新样态，对转变教育教学方式，实现高质量教育发展具有不可替代的重要价值。

（一）落实核心素养

跨学科主题学习符合核心素养的综合性、交融性特性，是帮助学生形成跨学科理解、生成跨学科综合素养的逻辑必然。一方面，跨学科主题教学是素养时代教学方式的重大变革，能够满足知识经济时代对创新型人才的需求，在素养目标和课程与教学之间建立实质性连接，是构建素养本位课程与教学新体系的必然举措。跨学科主题教学可以直接作用于核心素养目标的达成，其能够培养学生的跨学科知识、价值观念、思维模式以及创造性解决复杂的、难以预测问题的综合能力,这些能力贯穿于核心素养的内容体系中,与核心素养对学生的发展要求是一脉相承的。另一方面,核心素养是跨学科主题教学的目标指引和行动规约,能够保证教学目标的完整性和教学实践的逻辑性,重建学科知识、学生生活及真实世界的有机联系。

各科"新课标"强化了课程的育人导向,重视核心素养在教学中的基础性地位,不但将各学科核心素养作为学科整体教学目标,细化了核心素养与各学科课程的联系,而且主张在学科教学中融入跨学科主题教学项目,以本学科知识和方法为主线联结其他学科内容,重视培养学生多学科视角和思维方式的同时强调各学科素养的融通,以消弭学科素养与综合能力之间的畛域。

跨学科主题教学是一项系统性工程,是教育方针政策、课程设计理念、教学内容结构、教学组织实施、教学反馈评价、课程资源保障、师资队伍建设、课程领导与课程创新、校外支持等诸方面整体发力的产物,各环节和要素之间内在勾连、彼此关涉,共同作用于跨学科主题教学实效性的提升。相较学科教学来说,跨学科教学有助于诸要素的合理统筹和科学配置,促进各构成要素的协调配合和创造生成,保证系统完整性,为跨学科综合核心素养的进一步落实提供支撑和驱动作用。

"新课程方案"明确要求课程实施要注重加强知识间的内在关联,促进知识要素的结构化。跨学科主题教学的实践性、综合性、整体性等特点正昭示了其是顺应新时代结构化教学改革趋势的最佳"新秀"[1]。教学要素的整体统筹是学科知识以网状形式展开铺排的关键,跨学科主题教学各要素的统筹协调进一步保障了多门学科领域的核心事实、概念、原理等内容的内在整合和有机统一,为学习者搭建结构化的多学科知识图谱和逻辑体系。此外,跨学科主题教学对各学科内容"网状结构化"的过程,指向对学生高阶思维的培育,帮助学生将多学科领域的知识、技能等迁移运用至现实生活场景中,形成复杂的认知结构,促进高通路迁移(High-Road Transfer)的发生(见图3-1),实现零散、分化的"知识教学"向系统整

---

[1] 朱爱华.跨学科主题学习的本质、特征及设计路向[J].教育研究与实验,2023(5):73-81.

体的"能力教学""素养教学"的转变。对跨学科主题教学相关的各方面、各层次、各要素施以系统性规划和科学方法论的指导,能实现教学要素的全方位、多维度整合,打造各要素齐备的跨学科主题教育活动场,避免各年级、各学段、各学科跨学科学习的断裂,形成跨学科主题学习的迭代序列,实现跨学科教学效益最大化[1]。此外,跨学科主题教学的系统设计能够倒逼教师摒弃落后或僵化的教学惯习,关注各领域内容、教学要素的科学配比,利于学生构建多维度和系统化的知识和素养结构体系,掌握解决问题的系统化思维方法和策略,增强学生的综合素质。

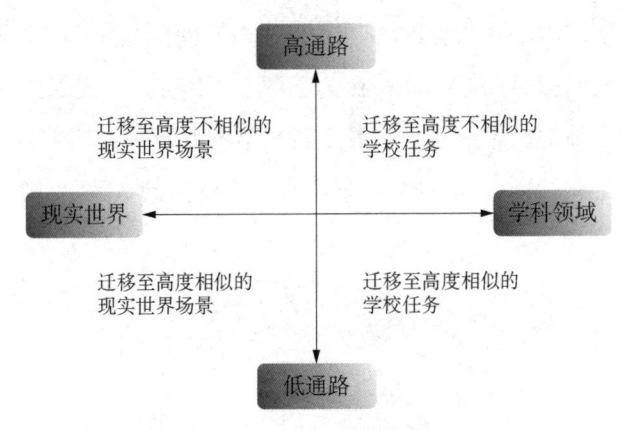

图 3-1 高通路迁移与低通路迁移

(二) 践行五育融合

核心素养的本源是五育,是德智体美劳内容的具体化,是品德、智慧、体能、审美、劳动各要素的"赋权增能"[2]。跨学科主题教学在助益素养目标达成的同时也间接促进了五育间的融合。素养时代催生育人目标和模式的变革,在此影响下,基础教育领域的教育目标经历了从专才到通才的辩证发展过程,培养德智体美劳

---

[1] 刘登珲,牛文琪.跨学科主题学习的迷思与澄清[J].教育发展研究,2023(22):75-84.
[2] 宁本涛,樊小伟.论"五育融合"的生成逻辑和实践路径[J].杭州师范大学学报(社会科学版),2022(5):62-69.

全面发展的人正是对"通才"的具体解读和重新定义,而跨学科主题教学则是实现此种育人目标重要方法论[①]。

落实立德树人根本任务,培养德智体美劳全面发展的社会主义建设者和接班人是我国各类型各学段教育的最终旨归和根本指向。"五育融合"是推进全面育人,落实教育方针的基础性问题,也是新时代中国基础教育改革与发展的前沿方向和根本议题。德智体美劳这"五育"并不直接作用于学生主体,而是以具体学科为依托促进学生全面发展。学科教学是实现各育目标的有力载体,跨学科教学是实现五育融合、赋能教育高质量发展的基本路径。因此,学校不仅要坚持德智体美劳所体现的"善""真""健""美"和"实"等素养追求,更应注重各育间的相互交叉和渗透[②],以学科教学为依托促进各育目标的达成,并在其基础上以跨学科主题教学为手段促进各学科、各育的融会贯通。学科教学与跨学科教学的互补共生能够合力提升学生的整体素养,实现五育协同育人,助力学科综合育人价值的实现(见图3-2)。

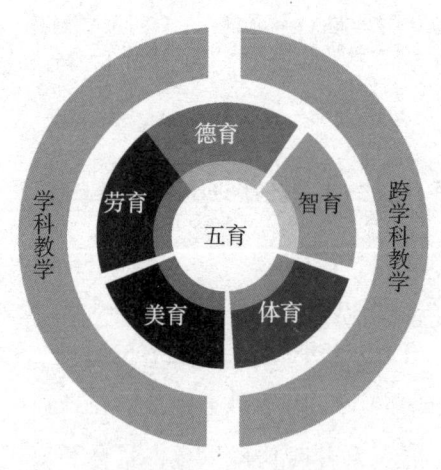

图3-2 跨学科教学与五育融合的关联

[①] 宁本涛,杨柳.美育建设的价值逻辑与实践路径——从"五育融合"谈起[J].河北师范大学学报(教育科学版),2020(5):26-33.
[②] 宁本涛."五育融合"与中国基础教育生态重建[J].中国电化教育,2020(5):1-5.

第三章 跨学科主题教学的意义

跨学科主题教学极大地拓宽了五育融合的实践场域和应用范畴。各学科在教学的目标设计、内容安排、组织实施等诸环节融入其他学科的内容、视角、方式等,是教育教学方式的内在重构,也是五育知识整合与融通的契合点,有助于促进各育、各学科间的横向联结和有机融合,是五育融合时代课程协同育人的新趋势和新要求。在五育融合这一理论支撑和目标定位下,跨学科主题教学突破学科边界对学习者思维的限制,着力培养学生多学科素养,解决单学科教学仅关注某一学科素养的弊端,在素养目标与跨学科教学之间建立起了实质性的连接,突破了立在学生与外部世界之间的樊篱,是对"知识碎片化、认知片面化、学习浅表化"等问题的反思,满足了知识经济时代对创新型人才的需求,是促进五育协调发展、构建素养本位课程与教学新体系的必然举措。

《中国教育现代化2035》明确指出,注重教育的融合发展、学生的全面发展是推进教育现代化的基本理念[①]。学校教学科目的划分极大提升了知识专业化,但也阻隔了各育、各学科内容的联结,不利于完整的人的培养。跨学科主题教学冲击着现有的教学体制,引发教学活动在结构、时空、方式上的深度变革。一方面,跨学科主题教学重塑课堂教学结构,通过学科与学科的对话、学科和活动的联结等方式,融通了德育、智育、体育、美育和劳育之间的壁垒。另一方面,教学时空变革和情境搭建是组织跨学科主题教学活动、任务项目的前提条件。学科间的壁垒和教学整体性之间的内在张力是催生跨学科主题教学的潜在力量,为跨学科主题教学添加了学科底色。跨学科主题教学能够最大程度整合各学科育人的合力,弥补分立式学科教学模式仅关注某一学科核心素养的弊端,在跨越各学科的基础上实现德智体美劳五育间的融通,直指培养德智体美劳全面发展的社会主义建设者和接班人这一教育的终极价值追求,成为实现中国教育现代化的重要推动力。

[①] 中华人民共和国中央人民政府. 中共中央、国务院印发《中国教育现代化2035》[EB/OL]. (2019-02-23) [2024-03-01]. https://www.gov.cn/zhengce/2019-02/23/content_5367987.htm?eqid=d7b0ad2f00014a7a0000000664564133.

(三) 重构良好教育生态

日趋激烈的国际竞争要求加强各领域的通力合作以促进国家的整体发展,使教育教学诉求由传播知识转变为提升能力和素养。在这一背景下,深耕单学科领域的专家不再是适配社会经济发展的最佳选择,跳脱学科视角审视知识并能将其有效运用到生活里的综合型人才的作用日渐凸显①。当前的教育教学已无法有效满足社会需求,创新型人才的缺口逐渐增大。信息时代的社会转型和新时代教育发展要求教师和学生积极参与学校的教育教学改革,形成多主体重构教育生态的现实图景②。教师和学生是跨学科主题教学的主动构建和亲身实践者,分属跨学科主题教学活动中"教"的主体和"学"的主体,双主体的积极参与是跨学科主题教学得以科学落实的关键。跨学科主题教学为其提供了一种软性的制度规约,划定了教师自由组织教学的边界和学生的活动限域,赋予师生合力建构跨学科主题教学时的自由和责任。跨学科主题教学赋予"教"的行为以法理依据,在促进教师的跨学科教学自觉、自主、自为的同时也保障了教学的科学性,在教学自由和理性规约之间寻求一种动态平衡。就学生来讲,跨学科主题教学以预设的形式搭建教学框架,依循学生的兴趣及能力推演学生的心理活动,能够调动学生的自主性和能动性,赋予学生多元的发展机会。

在学科教学方式占据学校教育"半壁江山"的数年里,教师习得并积累了丰富的学科教学经验,持有某一学科教学领域的"善事利器"。随着时间的推移,其教学经验虽是渐趋增长的,但因缺乏系统性规整而多呈现静态化堆积的趋势,难以实现"质"与"量"的相对协调。此外,经验主义的"规训"和约束也在一定程度上阻遏了创造性教学的生成,对教学起到一定的阻滞作用。以既定的定律、理论、应用等被公认的范例主导教学实践的经验主义教学范式面临危机。此外,学科教学经验主导下的教学无法落在学生的最近发展区内,使得教学要么过易,浪费了教学

---

① 李怡明.数字化转型背景下课堂教学范式重构[J].中国电化教育,2024(1):119-124.
② 欧阳修俊,梁宇健.义务教育生态优化的困境与化境[J].中国教育学刊,2023(11):26-31.

时间,要么过难,扼杀了学生的学习兴趣,都难保教学效果。

跨学科主题教学的产生是对当今时代整体主义知识观的回应,其整体规划为教师组织跨学科主题教学提供了抓手和支点,是促进教学由经验主义上升到理性主义的关键力量。在理性主义教学范式的指导下,教师能够科学建构多学科领域的核心显性知识,也能够关注生成性教学中随机出现的知识,努力挖掘寓居于跨学科实践活动中的默会知识和不确定性知识。跨学科主题教学引领教师走出经验教学的图圄,杜绝"标准化""处方化""法定化"课程,其不再局限于本学科教学的狭小视阈内[①],而是持续建构与修正教学经验,在跨学科主题教学中经历经验加工、经验联结、经验迁移、经验重建等过程,实现由已有的教学经验向实践性知识的理性提升。

二、跨学科主题教学的价值追寻

要达成通过跨学科主题教学提升学生核心素养、促进五育融合、重构良好教育生态等功能,就需要保障跨学科主题教学的整体性与实践性,通过整体性实现跨学科内容的深度关联,避免内容的拼盘化,通过实践性实现跨学科教学实施的意义延伸,增强教学实施的探究性。

(一) 追求学科跨界的整合性教学

在"新课程方案"的要求下,跨学科主题教学已然成为基础教育阶段各学校教育教学的常态化工作,亟须各学校对其进行整体规划,并将其作为学校顶层设计的重要内容。鉴于此前的跨学科教学理念主要依附于课程整合运动、综合课程建设、STEM 或 STEAM 教育实践等,其不甚成熟也并未成为学校教学的独立板块。作为教学的新生事物,如若缺失学校层面的整体规划,就容易引发跨学科主题教

---

① 刘桂辉,侯德娟. 教师的教学经验及其理性升华[J]. 中国教育学刊,2017(3):89-94.

学的碎片化、平面化、机械化等问题，导致跨学科教学的低效、无效甚至是负效，陷入多种困境。具体来说，其一，跨学科主题教学面临碎片化的问题。一些学校缺乏跨学科主题教学的顶层设计，将开展跨学科主题教学的任务全部施压给任课教师，由各学科教师基于自己的理解、兴趣及对其他学科的基本认识等自主拟定跨学科主题，缺少与其他学科教师、教研团队等的沟通，导致各学科、各年级设计的跨学科主题教学五花八门、各自为政、交叉重复，缺乏紧密的联系，严重削弱了跨学科主题教学融通各学科知识、促进学生核心素养提升的功能。对于跨学科主题教学来说，没有学校的整体设计也会使其面临"目标碎片化、组织碎片化、实施主体碎片化、资源碎片化"等问题，使得原本是多学科有机对话的课堂变为多学科内容的简单拼盘，学生难以对不同学科间联系进行深度思考和理性审视，导致学生仅仅了解到各学科的"皮毛"，而不知其本质，无法形成对学科的系统化认知，严重削弱其教学质量[①]。

其二，跨学科主题教学易走向平面化。学校对跨学科主题教学的整体规划与指导是教师进行创造性教学的支点，缺失整体设计会使得教学想象浮于教学上空，导致教学方法的单一化、教学内容的浅表化、教学的无组织化等，课程内容交叉重复，缺乏层次性和系统性，会加重了教师和学生的负担[②]。一些学校和教师仅仅根据学生的兴趣或基于自己学科知识的认识设计跨学科主题教学活动，缺乏对跨学科主题科学性、可行性、必要性等的深入分析，比如数学老师在讲解人教版数学六年级上册"确定起跑线"一课时，试图通过跑、画的实际体验整合数学与美术课程，启发学生发现跑道的结构特点、理解不同跑道起跑点的差异与联系，但因对美术课程内容的理解不深，缺乏与美术教师的协同沟通等，致使自己在操作示范以及指导学生画图过程中"错误百出"，不仅没有通过与美术课程的跨学科主题教学加深学生对数学知识的掌握，还影响了正常教学节奏、拖慢了教学进度，造成学

---

① 王飞，吴晓楠.跨学科主题教学的意蕴辨读与行动路向——基于"五育融合"的视角[J].湖南师范大学教育科学学报，2023(5):22-27+94.
② 崔允漷，郭洪瑞.跨学科主题学习：课程话语自主建构的一种尝试[J].教育研究，2023(10):44-53.

习效果不佳①。

其三,跨学科主题教学可能呈现机械化样态。由于教师跨学科教学实施的经验不足,又缺少学校的统一规划与指导,一些教师将学科知识的简单关联视为跨学科主题教学。比如语文老师在讲解《赵州桥》时,让学生摹画赵州桥,并将其视为语文课程与美术课程的跨学科主题教学;科学课教师在讲授视网膜成像时,让学生做眼保健操,并将其视作科学课程与体育课程的跨学科主题教学等等。系统设计的缺失会导致实践中忽视学科间内在联系的随意整合,教师根据自身理解将多学科知识、方法加以分割,使得知识的生产、加工、重组、接收等过程中都呈现机械化特征。这不但割裂了各学科课程的跨学科主题教学之间的联系,还难以保证具体教学方法的适切性,无法凸显跨学科主题教学的时代特征。长此以往,跨学科主题教学并不会对当前的分科教学模式起到补充或优化作用,极有可能成为"盛极一时"的新理念,失掉了育人的本性。

当代跨学科相关理论兴起的关键点不在于跨越学科边界或学科交叉,而是整合②。比恩在其《课程统整:民主教育的核心设计》(Curriculum Integration: Designing the Core of Democratic Education)等著作中追溯了"统整"的概念缘起,还构建了课程整合的"网状原理图"(Schematic Web),指出课程整合是以一个中心主题为焦点,聚集与主题相关的重大想法或概念以及用于探索这些想法或概念的活动,是由内向外的扩散过程③。跨学科的一些主要特征是知识综合、学科互动、整体思维和学科边界的模糊、跨界、超越等④,其涉及知识广度(Breadth)、一般知识或常识(General Knowledge)、整合(Integration)和综合(Synthesis)等基本概念⑤。

---

① 殷如意,潘洪建.跨学科主题实践存在的问题及应对[J].教学与管理,2024(14):27-30+36.
② 文军.当代社会学理论:跨学科视野[M].北京:中国人民大学出版社,2015:37.
③ Beane A. J. Curriculum Integration: Designing the Core of Democratic Education [M]. New York: Teachers College Press, 1997:2-11.
④ Klein J. T. The Transdisciplinary Moment (um) [J]. Integral Review, 2013(2):189-199.
⑤ Klein J. T. Interdisciplinarity and Complexity: An Evolving Relationship [J]. Emergence: Complexity and Organization, 2004(1-2):2-10.

克莱因指出,所有的跨学科活动都植根于统一和综合的思想[①],跨学科主题教学也不例外,其植根于国内外课程或教学整合思想的沃土,是追求跨越学科基础上的新时代教学模式。

跨学科主题教学是对分科教学的解弊与补充,是重整各学科理论话语体系与基本内容框架基础上的再创造,能有效解决学科与学科的割裂状况,避免学科内容与学生经验及社会生活的背离。近代以来,不同领域所对应的知识体系逐渐学科化,并从哲学母体中分化出来形成了种类繁多的各门学科[②],分科教学(Subject Instruction,也译为单学科教学)便是学科分化的产物。分科教学严格遵照知识的逻辑体系梳理该学科领域的核心教学内容,能够凸显各学科的本质特点,保证该学科内容结构的系统性和完整性,在传授系统化的学科知识方面具有显著优势。但长期的单学科教学会加固各学科壁垒,不利于学科自身的发展。此外,在实践中受到"还原分析"思维以及碎片化教学传统的影响[③],学校倾向于选择某一科研领域中的核心基础、价值中立的知识作为教学内容,教学侧重知识的复制和积累,导致知识生产和人才培养囿于单一学科场域,缺乏对复合型人才的培育。

在分科教学模式下,学科间缺乏合作和交流,各学科教学各自为政、各行其是,使得知识传播和再生仅局限于单学科内。即便在教学时涉及同一个主题,但鉴于各学科不同的教学目的,学科教师也倾向于从本学科视角剖析和解决问题,忽略甚至抹杀不同学科之间的内在联系,分科教学的风险正在加剧[④]。以分科为主的课程设置及教育教学在加固学科壁垒的同时,也导致课程内容与学生经验及社会生活的割裂,学生的认知和理解是孤立、单向的,思考问题的角度单一,习得

[①] Klein J. T. Interdisciplinarity: History, Theory, and Practice [M]. Detroit: Wayne State University Press, 1990:11.
[②] 王兴元,姬志恒. 基于知识分类的跨学科交叉创新组织机制研究[J]. 理论学刊,2012(11):52-56.
[③] 郭洪瑞,张紫红,崔允漷. 试论核心素养导向的综合学习[J]. 全球教育展望,2022(5):36-48.
[④] 曹培杰. 未来学校变革:国际经验与案例研究[J]. 电化教育研究,2018(11):114-119.

第三章　跨学科主题教学的意义

了单一通路的问题解决模式,解决复杂性、综合化问题的能力较弱。二十世纪末,知识发生了微妙的重组。新的脑力劳动分工、合作研究、团队教学、交叉领域、比较研究、跨学科应用的不断增加以及各种"统一""整体"的观点等都给传统的知识分工带来了压力,学科边界变得模糊,也渐渐开始相互渗透①。此时,多学科学习(Multi-Disciplinary Learning)和跨学科学习(Interdisciplinary Learning)的出现无疑是对单学科教学的重要补充。多学科学习和跨学科学习的知识呈现网状分布,具有动态性和复杂性,其可以借助一个共同的学习主题(Theme)或话题(Topic)将几个相近学科联系起来,二者都能够利用基于项目的学习(Project-Based Learning)组织教学。但在多学科学习过程中,学生的经验和教育者的计划在每个学科中是分开的,而跨学科学习指向"获取知识、拓宽理解和提升技能"这一学习结果,学习者可以有计划地反思学科之间的联系,借助多学科力量解决一个问题,各学科之间也可以共享学习评估②。通过跨学科学习,学习者可以解决超出任何一个学科范围的复杂问题,探讨学科和职业的关系,实现知识的统一③。在分科设置课程的现实背景下,跨学科主题教学是实事求是、积极稳妥的一种课程综合化、实践化策略④,帮助学生建立完整、复杂、抽象的知识结构网络,从而能够自如地应对各类问题情境。

跨学科主题教学突破单一学科知识内容与逻辑框架的限制,以跨学科思维理解与解决问题,促进课程内容与学生经验及社会生活的联结,能够解决因过度分科教学或教育中"疏德""偏智""弱体""抑美""缺劳"等偏重某一育的教育现状所

---

① Klein J. T. Interdisciplinarity: History, Theory, and Practice [M]. Detroit: Wayne State University Press, 1990:11.
② Education Scotland. Interdisciplinary Learning: Ambitious Learning for an Increasingly Complex World [EB/OL].（2020－06－23）[2024－03－01］. https://education.gov.scot/media/mkomulen/interdisciplinary-learning-thought-paper.pdf.
③ Klein J. T. Interdisciplinarity: History, Theory, and Practice [M]. Detroit: Wayne State University Press, 1990:11.
④ 郭华.落实学生发展核心素养　突显学生主体地位——2022年版义务教育课程标准解读[J].四川师范大学学报(社会科学版),2022(4):107－115.

导致的学生片面发展问题①,帮助学生构建完整、综合的知识体系和思维方式,培养各方面全面发展的人。

跨学科主题教学在坚守学科立场的同时又超越学科界限,旨在反映学科间概念、技能的相互联结和依存关系,帮助学习者从跨学科视域理解同一对象不同侧面间的关系,建立学科间的内在逻辑②,其本质特点就是超越单一学科知识内容与逻辑框架的限制,以超学科思维理解和解决问题,能够促进相关科目知识内容与社会及学生生活的联结,打破分科教学下森严的学科壁垒,帮助学生构建完整、综合的知识体系和思维方式,是当前分科教学的重要补充。因此,坚守学科立场是开展跨学科的前提,组织跨学科主题教学需要正视学科教学本身的价值和意义,挖掘各学科的独特育人价值,回溯"学科"本源,考虑知识的特定学科背景和意涵及其在特定场域中不可替代的价值,遵循学科内在逻辑关系的素养目标、主题内容、思维方式、话语体系,在突破学科边界的同时增加对学科领域分离状况的感知程度,避免因丧失学科特性而导致跨学科教学中的去学科现象。

(二) 指向理解生成的实践性教学

跨学科主题教学打破了固有的单学科教学模式和以单一学科逻辑为轴心的教学组织思维,其"跨学科性"昭示了其相比单学科教学在教学视野、目标定位、模式方法上的突破,强调教学元素的重组、创造和生成,是一种生成性教学(Generative Teaching)。生成性教学将学习者的疑难问题视为极具价值性的创生性资源,帮助学生通过自主探索和亲身实践组织学科知识,建构个体经验,形成概念图式③。在此种教学范式下,学生在识记和理解知识的基础上,注重多学科知识的整合运用,能够形成对知识所表征的世界的整体观点和看法④,增进个体与现实

---

① 李政涛,文娟."五育融合"与新时代"教育新体系"的构建[J].中国电化教育,2020(3):7-16.
② 赵晓伟,沈书生.为未来而学:芬兰现象式学习的内涵与实施[J].电化教育研究,2021(8):108-115.
③ 靳玉乐,朱文辉.生成性教学:从方法的感到方法论的澄清[J].教育科学,2013(1):19-23.
④ 罗祖兵.生成性教学:不只是一种教学方法论[J].四川师范大学学报(社会科学版),2018(1):135-140.

世界的联系。

首先,"学科"是动态的,是一种建构于知识、方法和制度之上的实践活动[①];"跨学科"是基于学科立场、具有学科意蕴的探究性实践活动,其注重学习者主动参与真实性的活动和任务以"做中学"[②],能够最大程度地发挥实践中直接经验的积累与训练、间接经验的具身化等方面的重要作用。

新一轮课程修订进一步凸显了实践和活动的价值,其在跨学科主题教学板块强调实践教学的重要意义,如生物、化学、物理等学科的"新课标"明确将"跨学科实践"单独列为一个教学主题,并在这一主题下设置多个跨学科实践活动。在"新课标"规定下,跨学科实践板块与其他理论知识享有同等的地位,同属本学科的核心课程内容。跨学科主题教学在充分重视学科教学价值的同时,主张以实践形式拓宽学习场域,在跨学科实践过程中,学生参与复杂的项目、任务、问题解决等探究活动,在其思维快速运转的过程中学科的临界地带或模糊区域等被关照,新知识、新问题随之出现,且不断冲击学生的思维方式和已有的知识体系,学生开始摒弃固化的思维方式和惯性思维,并尝试借助其他学科知识、方法、思维等解决与本学科有关的社会问题。

学科的独立分化使得各学科具备固定且专有的活动场域,并在各学科之间筑起藩篱,而学科的依存重整要求淡化各学科的屏障,挖掘内在联结点,二者看似"背道而驰",实则"殊途同致",都是社会要求、学科自身发展的结果,不会忽视甚至违背学科的本性以及促进知识发展的根本初衷。在跨学科主题教学过程中,施教者可以从不同学科领域遴选具有相同或相似价值属性的内容,对同根同源知识的系统性规整使得知识内容广度得以拓宽的同时又能帮助受教者从不同学科视角审视同一问题,延展问题研究的深度,促进学生对某一问题的深度理解。跨学科主题教学寻求实践过程中不同学科知识的理解生成和创造性应用,通过跨学科

---

① 吴旻瑜,万昆,赵健.跨学科学习是什么?如何做?——以义务教育信息科技课程为例[J].课程·教材·教法,2023(1):89-95.
② [美]杜威.民主主义与教育[M].王承绪,译.北京:人民教育出版社,2001:23.

训练来帮助学生理解不同学科间的关系，建立知识结构体系并反思思维过程，着力提升学生的批判性思维和元认知技能。此外，对于综合问题的合作探讨和解决能够引导学生正视并接纳不同个体或不同视角的观点，帮助拓宽其视角或眼界，在对综合性问题的思考和讨论中锻炼创造性、非传统思维[1]。

其次，跨学科主题教学以与社会发展、人类生活相关的实践主题为锚点，基于真实的问题情境，组织项目、活动、任务等实践活动，重视学生对真实世界的认知、体验和经历，从不同学科视角分析综合问题，在实践过程中追求学生思想、方法、价值观的生成，促进"知"与"行"的有效联结。融合多学科、多育要素的实践性教学是对传统教学中知识与实践割裂问题的反思，在一定程度上沟通学科知识和个体经验，激发学生的内在学习动机，能够发挥活动教学和学科教学的双重优势。

以素养培育为指向设置具有挑战性的实践任务，全方位渗透"实践育人"的价值取向，这是此次新课程修订的一大亮点，也是对"怎样培养人"这一教育根本问题的科学回应与解答[2]。"新课程方案"突出实践育人，强化学科实践和跨学科实践，各学科"新课标"强调在教学中开展学科实践活动的同时也要注重跨学科实践活动的组织，以增进各学科知识与生活及社会的联系。跨学科实践主题不但可以是多学科交叉的内容，还能着眼学生个人或人类社会的真实问题，随当前的社会环境或热点议题进行动态调整，在整合学生显性的明述知识的同时，又能通过具体的实践活动促进其默会知识的增长，进一步丰富其知识储备。

跨学科主题教学的实践内容不但拓展了学科的知识体系，也改变了学生的学习方式。在跨学科实践活动中，学生在综合视角下，亲历问题的提出、思考、解决、复盘的整个过程，在对多学科核心知识的深层理解和灵活运用的基础上训练其合作素养、探究能力和系统性、创造性思维，丰富其程序性知识储备，拓展了知识的运用领域，促进了静态学科知识向动态实践能力和综合素养的有效转化，提升了

---

[1] Newell W. H. Designing Interdisciplinary Courses [J]. New Directions for Teaching and Learning, 1994 (58):35-51.
[2] 安桂清.论义务教育课程的综合性与实践性[J].全球教育展望,2022(5):14-26.

学生的问题解决和实践创新能力。此外,跨学科主题教学承接学科教学价值,在提升学生学科思维能力的基础上进一步培养其批判性思维、创造性思维与问题解决等综合性的高阶思维能力,致力于将学校领域内的学习者培养成社会场域的思考者和行动者。

第四章　跨学科主题教学的设计

跨学科主题教学是课程改革迈入深水区的进身之阶,需要基于跨学科主题教学的典型特征、新时代教学目标的转向及教学方式的转型等要求,思考跨学科主题教学建构的整体图谱并对其进行系统设计及规整,以实现其综合育人功能,切实提升教育改革质量。

一、跨学科主题教学设计的理论基础

整体设计是跨学科主题教学高质量发展的航向标和主引擎,为教学的整体铺排和系统推进提供科学指引。系统论、整体观、联通主义等理论赋予了跨学科主题教学以话语权,为其整体设计提供了学理依据,并从教育、课程、教学、学习等不同维度诠释了对跨学科主题教学进行整体设计的内在理据,是推动跨学科主题教学落地生根的先决条件。

(一) 系统教育论

20世纪上半叶,系统论(Systems Theory)作为一门科学的地位得以确立,并逐渐影响到行为科学、社会科学、哲学等各个研究领域,成为重要的理论根源。"一般系统论"(General System Theory)的创立者路德维希·冯·贝塔兰菲(Ludwig Von Bertalanffy)将生物学视作一个整体或系统来研究,强调系统是相互关联的元素的集。系统论是应着一般科学、行为科学、社会科学到哲学等学科的需要对其进行的重新定向。一般系统论作用到教育领域的最显性功能就体现在培育适应各科学领域的通才,是走向跨学科综合和综合教育的重要一步[①]。其后,彼得·切克兰德(Peter Checkland)主张在系统世界观指导下,运用系统思想方法解决现实世界的问题,提出了著名的"软系统方法论"(Soft Systems Methodology)。系统论不是学科集合中的普通学科,而是一门元科学,要求着眼于系统内各要素的相互作用,用系统方法解决问题[②]。基于此,教育系统所显现的是其作为整体所具备的性质特点,而非其组成部分的特点的集合。

根据系统论的一般原理,学校是一个多层次、多元素的整体性系统,涵盖课程、教学、学习等若干要素,各要素互相关联、相互依赖、有机协作,共同致力于育人目标的达成,且整体功效要远大于各个部分的功能之和。学科是知识生产的主要载体,学科自身的专门化及精细化发展推动其由原初的混沌、统一逐步走向分化、割裂,使得知识的生产和创造逐渐囿于各学科内,分科教学顺势成为学校的主流教学模式。在传统学科分化的背景下,各门学科、各类课程独立作战,使得学科壁垒愈加森严,进而导致服务于各学科的相关制度、机构、保障、人员、场地等元素之间的分裂,一定程度上造成了学生发展的脱节、断裂化,背离了系统论指导下教育教学的应然走向。此外,学生的发展需要主体积极主动地进行自我建构,其不但取决于个体的自主自为,还依赖客观条件的支持,保证教学系统及结构的完整性。教育者、学习者和教学内容三者组建了一个微型的教学系统,构成了"教学论三角形",保障了教学系统的稳定性。以学生的认知结构为基础,合理组织与建构教学内容,是促进学生系统全面发展的必然要求,也较为符合当前的综合育人理念。

跨学科主题教学提供了融合学校教育中各要素的有力载体,促进了学科之间

---

① [奥]路德维希·冯·贝塔兰菲.一般系统论:基础·发展·应用[M].秋同,袁嘉新,译.北京:社会科学文献出版社,1987:40-42.
② [英]Peter Checkland.系统论的思想与实践[M].左晓斯,史然,译.北京:华夏出版社,1990:5-6.

的交叉、渗透、融合发展，是系统论指导下教学方式变革的必然产物。一方面，学校教育教学是一个动态整体，教育系统的各部分、各要素具有独立属性和特定价值意蕴，对教育整体具有不可替代的作用。跨学科主题教学的整体设计关注学科与学科之间的有机关联，注重学生的认知结构与教师的教学结构、知识的内容及编排结构的匹配程度，兼顾学生身心发展特点及学校教育系统的整体性、复杂性、综合性、动态性和层次性等特点，注重系统各要素的统筹兼顾和优质配比。另一方面，教育系统的各部分之间彼此关联、相互支撑，系统结构的有序发展是教育发挥综合效能的关键。教学系统的各部分相互影响、相互制约，任何一个元素的缺位或变动都会影响教学的整体效果。育人是教育的主线，为了发挥跨学科主题教学对学生个体的积极作用，就需要树立大教育观，以系统论为基点对教学的各部分进行总体设计，以五育融合的宏观视角透视学校教育，以整体生成的中观视角审视课程与教学，以联通建构的微观视角谛视学习行为。在五育融合教育观指导下，融合不同科目特有的方式、概念和方法等组织教学，帮助学生理解五育间、各学科间的相互依存关系，整合不同学科领域的知识及思维方式，引导学生走出狭隘的、碎裂化的单一学科思维，形成系统的认知结构网络，建构对世界的整体认识[1]。此外，教学系统各要素的相互作用是非线性的，需要打破传统分科教学的桎梏，融合跨学科教学和主题式教学的优势，对各要素进行动态调整，保证教学效果最优化。

（二）整体主义课程观

课程是学校教育系统的核心要素，是实践跨学科主题教学的主要场域，为学校培养目标的达成提供重要载体。跨学科主题教学整合两门及以上学科的内容，凝练相关学科的素养目标，是学校课程体系的重要组成部分。需要在整体主义课程哲学观下对跨学科主题教学的整体设计进行学理阐释，促进跨学科主题教学与

---

[1] 李森,郑岚."五育融合"的时代价值及其教学实现[J].课程·教材·教法,2022(3):4-11.

各门课程的有机融合。

整体主义的相关思想最早可溯源至哲学领域,相关研究者将人类世界视为一个整体。1926年,哲学家扬·克里斯蒂安·斯穆茨(Jan Christiaan Smuts)创立了"Holism"(整体论)这一概念,主张加强对世界的整体性理解,解决因学科分化所造成的物质、生命和心灵的割裂[1]。"Holism"是关于整体的一种主张,更多的时候意指"整体主义",即一种关于整体或整体视角来审视问题的哲学立场[2],后成为心理学、社会学、生物学、教育学等各领域的一大研究取向。整体课程(Holistic Curriculum)顺应了整体主义的课程改革取向,强调学生心智、情感、心理和精神等向度的平衡,以完整的人的存在为参照点和理论的内在框架[3],是实现人的全面发展的必然趋向。约翰·米勒(John P. Miller)指出,整体性(Holistic)一词来自希腊语"Holon",意指一个由整体所组成的世界,其不能被简单地定义为各部分的总和。整体课程是整体论思想指导下的一种课程愿景和理想的课程样态,通过和谐(Balance)、包容(Inclusion)和联结(Connection)的方式建构整体教育,促进教育与自然的共生相融[4]。此外,杜威的整体主义思想进一步指出,课程为促进整体的、发展中的儿童的不断生长,就要保持自身的完整性和动态性[5]。零碎化、非系统性的课程体系会消解知识的统一性和整体性,切断深度学习的通道,阻碍学生的整体和全面发展。

学校课程是具有多层构造的意义整体,各门学科、各类课程之间相互关联,其学科间的相互作用是双向的、非线性的。整体主义课程观要求摒弃还原主义(Reductionlism)的简单线性思维,破除静态的、确定性的、去主体化的课程设置和教学模式,以整体论为指导设置开放、多样、动态化的课程,关注学生的多样化学

---

[1] Smuts J. C. Holism and Evolution [M]. New York: The Macmilian Company, 1926:98.
[2] 刘劲杨.当代整体论的形式分析[M].成都:西南交通大学出版社,2018:12-13.
[3] 安桂清.整体课程研究[D].华东师范大学博士学位论文,2004:2.
[4] Miller J. P. The Holistic Curriculum [M]. Toronto: University of Toronto Press, 2019:9-18.
[5] [美]杜威.学校与社会·明日之学校[M].赵祥麟,任钟印,吴志宏,译.北京:人民教育出版社,2004:111-112.

习需求。跨学科主题教学在整体思维方式的指导下，借助主题聚合并重组各学科知识内容，实现各领域课程之间的联结。跨学科主题教学是一个系统的整体，不是多学科内容的线性相加，不能将其纳入学校课程体系的固定框架中，而应要求理论研究者和教学实践者在整体主义的视野中重建儿童的主体性，促进儿童、自然、社会整体的有机统一[①]，以跨学科或统合课程的方式消解课程领域的二元对立，追求学习者与课程的整体统一。其一，促进学科课程与活动课程的关联统一。于学习者来说，学科课程是掌握真理、获取间接经验的主阵地，而活动课程是建构直接经验的主渠道，二者的联结是静态课程和动态课程的关联统一，帮助其在实践和行动中灵活运用课堂所学的知识，这在一定程度上拓宽了知识的运用场域，实现学科知识与个人知识的转化统一。其二，实现学校与社会的关联统一。整合性课程的核心是课程内容的内在联结与对话，不是多门孤立的课程内容的机械拼接。在整体性思维方式指导下，各学科课程之间的内在联系进一步加强、其外在边界也得以拓展与延伸，避免知识的来源与运用等落入分科知识学习与识记的窠臼，促进知识与经验的渗透与转化。其三，推进教材的心理组织与逻辑组织的融合统一。整体主义课程观以人本主义为指导，关注学生情感和个体经验，强调课程的个人意义，要求课程的组织逻辑要合乎学习者的心理发展特点与本学科逻辑体系，突出课程与教学的人文价值，着力实现人的和谐发展这一课程旨归，培育"整体的人"。

整体主义课程哲学观正视学校教育系统中课程的整体性及各学科之间的耦合关系，主张将跨学科教学融入各学段、各学科的课程目标中，构筑指向核心素养的完整目标体系，从理论上诠释了跨学科主题教学的合理性。

（三）生成性教学观

教学与课程是学校育人工程的一体两面，系统教育论关照下的课程和教学呈

---

① 张华.体验课程论——一种整体主义的课程观（上）[J].教育理论与实践，1999(10):26-31.

现多元建构和融合创生的特性,关注教学过程中知识的融合及学生的综合发展。约翰·布鲁贝克(John Brubacher)从哲学层面上审视课程与教学的问题,他提出,为保证高等教育课程内容的适切性,就必须注意课程类型和结构整合的时代特点。在课程组织上,现代人重视的是以一种跨学科的方式组织各门学科,其方法是符合逻辑的[①]。学科间的关系是交叉融合和非线性的,生发于各学科场域内的跨学科主题教学通过学科的融合与碰撞,实现学科分化与融合的并轨发展。

构成论和生成论是指导科学发展的不同哲学思维,构成论思维关注系统中具体存在的基本组成部分及其涉及要素的构成性关系,但却缺乏对各部分从无到有的创生问题的深度思考[②]。生成论最初指向认识世界的整体方式,是整体论观照下对事物的生成、发展等问题的哲学思考。哲学中的生成论思想可溯源至古希腊伊奥尼亚学派的赫拉克利特(Heraclitus)"一切皆流"(Panta Rhei)的理念,其认为宇宙的发生和持存方式是"生成的"(Becoming),指出世界的本源具有不确定性,是一直处于生成流变之中的[③]。教育教学的生成论认识可溯源至我国的张楚廷教授,其从自我生成论立场出发,指出"教育是在人自身生活的土壤里生长出来的,是人类有意识的、自觉的、预设性的生成"[④]。20世纪中叶,科学观由构成论向生成论的转变,加速了生成论哲学思维对各研究领域的影响进程,也促进教学方法论由机械构成论向有机生成论的转向。

跨学科主题教学是立于学科基础上的跨学科教学新理念,是预设与生成的统一,关注教学过程中学生的主动建构、自主发展及其与外部世界的互动,重视教学背后的学生创造活动。其一,跨学科教学理念的生成是学科教学发展到一定阶段

---

① 李建辉.教育实践中的矛盾是教育理论产生与发展的源泉——约翰·S·布鲁贝克《高等教育哲学》中的教育思想述评[J].外国教育研究,2005(3):60-63.
② 何伟光.从构成论走向生成论:智能教育的哲学重思及实践路向[J].现代大学教育,2022(3):37-45+112.
③ 王彬.赫拉克利特的"生成"观与《易传》"生生"观之比较研究——兼论西方形而上学的困境与出路[J].孔子研究,2014(5):103-110.
④ 张楚廷.高等教育哲学通论[M].北京:高等教育出版社,2010:27-31.

的必然产物。学科教学对学科核心素养的偏重,使得各学科素养之间缺少必要联结,一定程度上造成了学生的片面发展,难以适应知识经济社会的发展。此外,学科教学模式中所盛行的传统智商测验、标准化测试,过于关注学生的智力发展水平、学业成绩的高低,忽视学生实践能力和创新素养[1],亟须改进。跨学科主题教学重视教学的生成与转化,以综合素养的培育为主线分离和重组教学要素,注重开发人的多方面潜能和素养,能有效克服分科教学存在的上述弊端。其二,学科素养间的交叠与碰撞是跨学科主题教学的生长点。学科素养和综合素养之间是具体和抽象的关系,综合素养是多学科素养的整合,学科素养是综合素养的学科化表达和显性化呈现,关系着课程整体素养目标的达成。但综合素养是一个整体,不是各学科核心素养的线性叠加。此外,各学科素养之间也并非互异、分立的,而是有重叠和交叉点,而各学科相通的核心素养及各学科素养交叉后生成的新素养恰好是跨学科主题教学的生长点。跨学科主题教学的本意指向是提升学生的跨学科综合素养,关注课程素养与学科核心素养的相互作用,其通过调动多学科内容使其作用于同一个学习主题,在多学科交互作用的动态生成中审视跨学科教学的创生过程,帮助学生产生多学科的融合见解。其三,跨学科主题教学满足了后现代主义对教学模式的要求,是其课程观指导下教学方式的必然变革。后现代主义反对现代主义对确定性知识与理性、绝对真理等的追求[2],反映到教育教学领域则表征为反对传统课程的预定性、静态化、控制性、封闭性等线性特点,在此基础上提出了以"丰富性"(Rich)、"回归性"(Recursive)、"关联性"(Relational)和"严密性"(Rigorous)为主要特征的课程范式。后现代主义课程范式寻求课程与教学的生成性、动态性、开放性和整体性,为跨学科教学理念、内容、方式的革新提供了方向和指导。其四,生成性思维赋能跨学科主题教学的发展。生成性思维重

---

[1] [美]Howard Gardner. 智力的重构:21世纪的多元智力[M]. 霍力岩,房阳洋,等,译. 北京:中国轻工业出版社,2004:5.
[2] 张晨耕. 后现代性之于现代性:反叛还是延续?[J]. 齐鲁学刊,2021(6):65-72.

视创造而非预定,提倡个性反对同一,是现代哲学的基本精神和思维方式[1],也是指导跨学科主题教学高质量发展的重要思维。在生成性思维指导下,知识跳脱"二分法"和"构成论"的狭隘视域,表现为一种囊括经验、信息、认识的综合体,其不但具有"结构"(Structure),更是一种"过程"(Process)[2],影响着跨学科教学的理念生成及实践路向。生成性知识观敦促跨学科教学由被动的知识授受转向能动的意义生成,教师的能动和创造性触发、转换、点醒学生从一种状态转向另一种状态[3],帮助学生在内化已有知识的基础上创造与建构新知识。

(四) 联通主义学习理论

学习是整个教育系统的核心要素之一,为实现课程及教学的综合育人价值提供了重要通道,树立科学合理的学习观是跨学科主题教学整体设计的必要前提。跨学科学习突破了学科教学的狭隘学习边界,是一项洞察多学科领域中学习对象的特有属性及彼此间联系的复杂性认知活动,须在联通主义(Connectivism)学习观指导下探查跨学科主题教学的内在动因,揭示其整体设计的理论缘由。

联通主义是数字时代的学习理论,在新一代信息技术的助推下获得蓬勃发展。联通主义学习理论揭示了学习的特性,其奠基人乔治·西蒙斯(George Siemens)指出,学习是与特定节点和信息资源建立连接以形成网络的过程[4],联通主义旨在发展学生"做事情"的能力[5]。跨学科主题教学能够建立各学科领域的联系,挖掘和利用学科领域的相互关系,关注学习者筛选和处理信息的能力、解决问题的实践技能,是适应知识迅猛发展的数字时代的有效教学模式。一方面,在联

---

[1] 李文阁. 生成性思维:现代哲学的思维方式[J]. 中国社会科学,2000(6):45-53+206.
[2] 金吾伦. 知识生成论[J]. 中国社会科学院研究生院学报,2003(2):48-54+110.
[3] 卜玉华. 论"新基础教育"教学思想的问题意识与方法论立场[J]. 中国教育学刊,2017(6):11-16.
[4] Siemens G. Connectivism: A Learning Theory for the Digital Age [J]. International Journal of Instructional Technology and Distance Learning, 2005(1):3-10.
[5] Anderson T., Dron J. Three Generations of Distance Education Pedagogy [J]. International Review of Research in Open and Distributed Learning, 2011(3):80-97.

通主义学习理论的指导下,学习是学生基于自身理解对知识进行意义建构的过程。数字时代的知识呈现交叉性、动态性和发展性的特征,是书本知识与实践经验、课内知识与课外知识的统一体,需要扩充课堂教学内容、改革现行的教学方式,促进知识的个体化生成与建构。相比单科教学,跨学科主题教学强调多学科内容间的深度统整,在学习内容及学习方式上实现了突破,凸显了学科的内容本质及深层逻辑,其"跨学科"特性促进了学习内容的横向延伸与扩展,其"主题教学"的性质定位决定着学习内容的深度推进。跨学科主题教学是知识自主建构取向的教学,其给予了学生充分的学习自主权,促进了学生的主动学习。在跨学科学习时,教师事先筛选了具有整合价值的多学科知识,为学生提供学习的脚手架,引导学生把握不同类别、不同学科知识之间的联结点,并基于已有知识水平、兴趣爱好、认知偏好等对分散、零碎的知识进行整合概括,自主建构知识体系、搭建个性化学习网络,进行有意义学习。另一方面,联通主义学习观强调知识的境脉性和可迁移性。知识是主体和客体之间的相互作用所引发的知觉建构,其既不是先验的意识,也不是客体的副本[1],是经过各学科核心概念的抽离与重组后形成的可迁移内容。多年来,教育行动者制定并推行了一整套在教育体系内分配教育权利和资源的方案,在教育流程规范化和制度化的同时,学科的边界也逐渐清晰并固定[2],这不但导致了知识的机械肢解和箱格化,也将知识束之高阁,忽视了其实用价值。跨学科主题教学是对学科教学的提升与超越,其通过统整各学科知识,超越了对当今世界的划分理解,为学生构建了反映复杂现象的地域性图景[3],避免了知识与经验的机械分离,是纠偏知识本位课程价值取向的应然之举。在跨学科学习过程中,主体在与同伴的对话协商及工具资源的协助下梳理学科的基本结构,筛选并整合不同学科内容的共同要素,以此建立不同学科的有效联结,促进

---

[1] 丁俊武,刘晓飚.迁移研究的最新进展及其教学含义[J].武汉体育学院学报,2001(5):61-63.
[2] 杨柳,宁本涛.以"五育融合"重塑教育的完整性[J].教育发展研究,2022(Z2):87-93.
[3] Palaiologou I. The Death of a Discipline or the Birth of a Transdiscipline: Subverting Questions of Disciplinarity within Education Studies Undergraduate Courses [J]. Educational Studies, 2010(3):269-282.

知识和技能的有效迁移与运用。此外，跨学科主题教学提供了学习者与外部环境相互作用的实践场域，学生在真实的问题情境及任务中进行自主探索和发现学习，厘清学科知识结构间的内在关系，形成整体知识观及获得可供迁移的直接体验。

二、跨学科主题教学设计的原则

跨学科主题教学方法论体系的建构是跨学科主题教学设计及实施的必要前提，是推动跨学科主题教学深入发展和落地生根的先决条件。现阶段是跨学科主题教学的发轫时期，暂未形成指导其科学设计的方法论体系，需要研究者在探讨跨学科主题教学的具体模式和方法之上，对其进行整体意义上的哲学反思，以保障跨学科主题教学体系的理性建构。以系统论、整体论、生成论和联通主义为研究的理论起点，提炼出能够指导跨学科主题教学组织及实施的指导原则，构建契合跨学科主题教学时代特点的方法论细则，避免跨学科主题教学推进过程中学科之间的掣肘和牵制，形成各学科的有效合力。

（一）解构与建构相融合的原则

解构和建构是后现代主义概念，其作用到教育学研究领域则呈现为教学组织的两种偏向，即一种是打乱拆分的做法，另一种是主动整合的思想，二者是理智判断下相互依靠并彼此作用的对立统一体。德国著名哲学家马丁·海德格尔（Martin Heidegger）提出解释学就是解构（Destruktion），主张打破已经僵化、硬化的传统偏见，祛除传统的遮蔽以解构西方近代经验主义的科学教条[1]。解构是其科学解释学的逻辑核心，但不是将过去埋葬入虚无，而是有着建设性的积极目的，是服务于重构主义和再建构主义，并与之相辅相成的。

---

[1] 黄小洲.海德格尔科学解释学的解构之维[J].科学技术哲学研究，2023(21)：78-83.

跨学科主题教学是尊重单学科教学基础上的跨学科整合,不是对单学科教学的完全否定和批判,而是在审视多学科教学特点的基础上对教学要素的重新筛选与动态规整,是学科自身的分化与统一过程。一方面,解构主义驱使教师重新审查知识要素和教学各环节,根据学科属性和逻辑关系对既有教学方式进行意义解构,打破惯性教学流程,实现对传统教学的"去蔽"(Aletheia)。跨学科素养目标是对各学科核心素养的凝练与超越,要求教师梳理学科脉络,理清各学科素养之间的包含、并存、交互等逻辑关系,首先对学科素养进行分类,找出交叉、相似的素养条目,以此整合并精简凝练为服务于同一素养细则的各学科教学主题;然后再根据跨学科素养对学科核心内容进行理性分析与解构,以主题形式筛选和整合多学科的基本概念和原理。另一方面,解构是建构的前提,建构又是解构基础上的教学重组和创新,是对分立内容及要素的批判性建构,以此重构各学科的综合性知识图景。建构教学依照跨学科素养目标进行知识组建,保证跨学科教学的"学科"本位和基点,有效拓展了现有学习的深度,帮助学习者经过跨学科讨论和学习获取对同一主题的多学科见解,获得对学科复杂性的认识及更高层次的思维技能。跨学科主题教学尊重各学科知识结构,应以综合素养及主题为主线改革、重组并深度串联多学科内容,对其进行高度整合,通过教师和学生的主动建构对主题、内容、方法等进行跨学科统整,促进各学科知识的拓展延伸和纵向深化。

跨学科是对学科关系的解构和建构过程,涉及多学科内容及方式的更迭与重组,需要教师深度梳理各学科的知识内容和思想方法体系,遵循"解构—建构—解构"的逻辑理路对义务教育各学科的模块内容进行整合和重组。

(二) 系统审视与要素分析相结合的原则

此次义务教育课程修订强调课程的进阶性设置和综合化实施,如"新课程方案"明确提出,应"优化课程设置,加强品德与生活、品德与社会等相关课程门类的一体化设计……体现学习目标和内容的连续性和进阶性""强化教材的学段衔接"

"加强教学评价与新课标及课堂教学的一致性,促进教—学—评的有机衔接"[1],其不但关注各学科内部跨学科主题教学的系统设计,还要求加强学科间和学段间跨学科教学的有效衔接。这就要求教师遵循系统审视与要素分析相结合的原则着手跨学科主题教学的整体设计,剖析教学主体和核心要素,凸显教学全过程和各环节共通的育人本质。

系统审视与要素分析相结合原则的本质是强调跨学科主题教学的整体性、统摄性和衔接性,强调教学的整体意义及各要素价值的相对平衡。跨学科主题教学的组织实施需在"新课标"的总体要求和指导下,维持学科课程的完整性和系统性,将跨学科教学融入各学科教学中,与传统学科教学形成有机整体,促成二者的相互补益。一方面,以整体视角系统审视跨学科主题教学的素养目标,对义务教育各学科教学进行元分析,以此梳理学科核心知识图谱,确立横贯多学科的综合主题和实践活动。跨学科不是去学科或泛学科,是学科互涉指导下的内在相融[2],需要教师把握好跨学科整合的"度",实现分科教学基础上的跨学科一体化,增强对学科领域分离状况的感知程度,保证教学的整体性和衔接性。这要求以整体的视角透视教学系统,以跨学科主题为核心增进跨学科教学内容的结构化,促进跨学科主题教学与学科教学的相融共生,避免分立的学科教学所导致的知识碎片化、断裂性、零散化等内在危机。此外,各学科的跨学科主题教学间是协调互补的关系,应关注跨学科教学的深度、广度与学习者个体经验、认知冲突、社会性发展等的衔接匹配,基于大概念建构跨学科学习进阶,保证跨学科主题教学的学段衔接性。另一方面,从组成要素的维度对跨学科主题教学各部分进行理性分解和结构化组合,具体分析跨学科素养目标与综合主题、多学科内容、跨学科实践活动、课程资源等诸要素的关系,挖掘教学的整体生活意蕴及独特价值。如跨学科教学的主轴是突破学科知识边界的综合主题,其不是多学科事实或信息的堆叠,而是囊括多学科概念、命题、事实、信息等内容的知识综合体,需要对多学科的上位概

---

[1] 中华人民共和国教育部. 义务教育课程方案(2022年版)[M]. 北京:北京师范大学出版社,2022:3-4.
[2] 闫安,陈旭远,朱妍. 跨学科学习的透视:驱动背景、内在逻辑与条件支持[J]. 教育学报,2023(6):67-77.

念进行整合优化,保证主题的统摄性和创生性。此外,还可分析课程的知识要素,以任务群、跨学科实践的方式选取和编排跨学科主题教学的内容,保证跨学科活动设计的衔接度和连贯性,促进学科内容的横向沟通和纵向衔接,促进与加速学生核心素养的生成。

(三) 主体性原则

跨学科主题教学以学生的各方面和谐发展为要旨,本质上是教师和学生作为"双主体"的自由自觉的实践活动,其正向效能的发挥需要坚守育人的价值立场,激发学生和教师的主体自觉,谨防主体性失衡的风险,实现教师主体性和学生主体性的内在交叠。

"主体间性"(Inter-Subjectivity)是20世纪哲学研究的重要概念,其区别于"单主体性""客体性"或"主客间性",强调所有在主体之间发生的人为事实(Factum)或者说非自然性质的理性行为,都具备主体间性[1]。根据后现代哲学的这一概念,跨学科主题教学是教师和学生的平等对话及其为了实现同一目的而进行的交往活动,二者是"主体—主体"的关系,并不存在任何一方主导、规训或压制另一方的说法。为避免技术、制度、传统等裹挟下所产生的教师和学生之间的关系异化问题,就应该尊重并兼顾二者的主体地位,实现二者的内在平衡,促进教学与主体及社会的和谐相融,避免任何一方独占知识话语权所引发的主体性发展危机。首先,树立正确的跨学科教学主体观,确立人在教育中的主体性。跨学科主题教学不是"新课程方案""新课标"以及经济和社会发展等外部要求和控制下的产物,而是教师和学生自觉自愿的理性行为。其中,教师和学生是跨学科主题教学的两个平等的主体,其既是教育教学科学规律认识活动的主体又是组织及参与跨学科实践的主体。于教的主体来说,教师是主体性的存在,具有制定跨学科主题教学目标、策划教学活动、筛选教学主题及内容、开展教学评价的权利和责任。

---

[1] 赵汀阳.关于跨文化和跨主体性的一个讨论[J].思想战线,2023(1):42-53.

所有教学活动都是经由教师精密设计及思考的,意在通过学科联结和实践活动来满足学生个性发展的需要,促进学生的全面和谐发展。于学的主体而言,跨学科主题学习活动是基于学生的先验认识所组织的,是教师指导下学习者自主支配的活动,是自主、自觉、自愿的主体性实践。其次,激发教学主体的自主性和能动性,避免因过度活动化或流程化操作等问题所导致的师生自主性缺失问题。一方面,教师是跨学科主题教学的创生者,其通过建构教学内容与学生生活之间的联系,创设对学生有意义的综合主题、真实情境及实践活动[1],促进学生的意义学习和个性化发展。在此过程中,教师需要依照教育教学规律和学生发展特点,科学合理地设置跨学科主题教学目标、安排教学内容及活动,引导学生主动参与跨学科主题学习,进而培养适应未来社会发展的综合性人才。另一方面,学生是跨学科主题教学活动的实践主体,能够在教师指导下自主参与真实性任务,进行独立思考并创造性地解决真实问题,借此将客观知识内化并整合为主体的跨学科素养,完成深度学习。最后,在人文主义价值观指导下,变革教学的组织安排,激发教师和学生的课堂主体自觉。一是建立开放、共享、创新的组织文化,赋予教师跨学科主题教学自主权,使其既能在活动组织时突破学科教学的时间和空间限制,又能根据教学所涉学科寻求其他学科教师的帮助,保障各学科、各年级教师合作的自由度。二是教学要以真实问题为导向,调动学生多学科素养解决社会现实问题,实现学科与学生、生活之间的协调融通,培养学生可迁移的思维方式和知识迁移能力。这就需要教师审视现实问题与各学科的关系,明晰本学科的优势及不足,克服经验主义泛化的教学倾向,以此激发教学主体的能动性和创造性,提升教师的专业身份认同,助其成长为专家型教师。三是设置具身性的教学情境,确保跨学科实践活动的育人价值。跨学科实践活动的设置应融入情感要素,利于学生的自主学习,帮助其获得基于真实体验的直接经验,引导其超越学科本体,形成解决问题的整体认识论和方法论,在创造性的亲身实践中提升自身的认知和行动能力。

---

[1] 张华.儿童发展、学习进阶与课程创生——《义务教育课程方案和课程标准(2022年版)》内在追求[J].中国教育学刊,2022(5):9-16.

(四) 科学性与可行性相统一的原则

促进跨学科主题教学的落地生根,还需坚持科学性与可行性的有机统一。一方面,统合"设计—实践"的双重逻辑,保证跨学科主题教学内容组织与教学呈现内外逻辑的科学性。就跨学科主题教学的内在逻辑来讲,要确保教学内容的结构化及其育人价值。跨学科主题教学的逻辑起点是教育 4.0 背景下义务教育阶段育人方式的系统变革,其能够按照逻辑关系统合彼此相联但分属不同学科的内容,是推进教学内容结构化的重要举措,应以大主题、大单元为基本教学单位进行学科内容统整,促进本学科发展及科际融合[①]。此外,跨学科主题教学是素质教育教学体系的重要育人方式,需要依托五育融合的目标体系进行德育、智育、体育、美育及劳动教育的内容统整与形式重构,保证五育内容在教学结构中的相对均衡与科学融合。就跨学科主题教学的外围逻辑而言,应理顺教学的实践逻辑,确保其逻辑自洽与制度统合。跨学科教学能够补充与改进单学科教学模式的育人功能,与学科教学形成协同互补的育人共同体。为此,学校应努力挖掘跨学科教学在综合育人方面的独特功能,整合学习者在各学科学习中所习得的学习经验,并保持其经验的适切性、一致性和连贯性,凝聚多学科育人合力。

另一方面,分析跨学科主题教学系统推进的现实阻力,保证其实践进路的可行性。作为一种新兴的教学理念和教学方式,跨学科主题教学会面临教学通路不明、教师资源配置不当、课程资源暂时缺位等问题。对此,学校应基于学校教育教学实际制定明晰且可行的跨学科主题教学的操作路线,科学评估跨学科教学的风险和效益,保证教学难度与教师能力水平及学校设施和资源的匹配;还应提升教师的跨学科课程设计和教学组织能力,破除教师在学科建制化过程中所形成的仅仅指向本学科的研究及教学范式和思维惯性,避免多学科拼盘式教学。此外,跨

---

① 冯春艳,李序花,王宁,李洋,邵朝友.基于大观念的跨学科主题学习课程构建路径[J].天津师范大学学报(基础教育版),2024(2):43-48.

学科主题教学通过消弭学科边界摆脱学科教学传统的钳制,但容易陷入过分关注学科而忽视学习者个体的窠臼,阻碍跨学科教学意义的生成。因此,教师在教学组织时应注意教学内容的跨越性,并使之符合学生认知水平、契合学生学习经验,多设置开放性和富有挑战性的学习任务,并适当地搭建学习支架、安排合作学习等,以此提升学生学习能力,提高其合作素养和沟通技能等。

三、跨学科主题教学设计的要素

作为此次义务教育课程改革的突出亮点,跨学科主题教学相关要求在各科"新课标"中都"有迹可循"。如历史"新课标"将跨学科主题学习列为七大课程板块之一,依据历史学科属性、学科核心素养及课程目标设计了十个跨学科主题,并提供了包含目标、任务、方法、过程等在内的两个具体教学案例[①],是组织跨学科主题教学的行动指南。地理"新课标"从学习目标、学习主题和内容、学习评价等维度对地理课程跨学科主题教学提出要求,等等。虽然各学科对跨学科主题教学的具体要求各不相同,但大都包含目标、主题、资源、活动、情境和评价等要素。鉴于此,本书基于"新课程方案"和"新课标"对跨学科主题教学的规定和跨学科主题教学科学实施的需求,从目标、主题、资源、活动、情境和评价出发思考跨学科主题教学过程的整体架构,构建了 T-TRACE 跨学科主题教学六维分析框架(见图 4-1),以学科间对话带动各育有机融通,将教学过程诸要素显性化,促进学校跨学科主题教学的推进与落实,完善五育融合的内在运行机制。

T-TRACE 模型揭示了跨学科主题教学"一体两翼"的设计模式,其中"目标"是整体基点和方向,居于教学的主导地位,整个教学遵循目标—手段一致性原则,由跨学科教学目标引领整个教学过程,主题内容、实施评价等各环节都致力于目标的达成,即从"目标"出发进行教学顶层设计,从"主题"层面挖掘各育内容元素,

---

① 中华人民共和国教育部. 义务教育历史课程标准(2022 年版)[M]. 北京:北京师范大学出版社,2022:39-51.

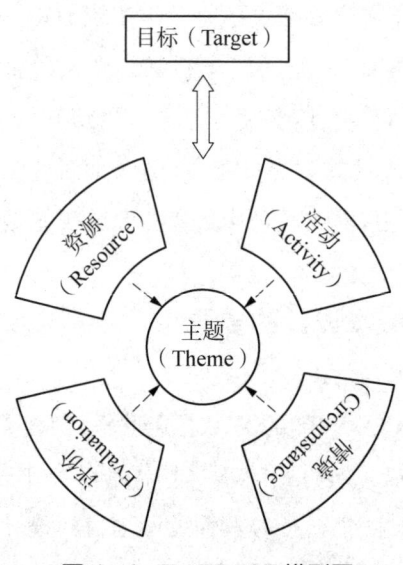

图 4-1 T-TRACE 模型图

以"活动"的形式整合各类"资源",在真实"情境"中加以实施并开展跨学科教学"评价"[①]。

(一) 目标

跨学科主题教学目标是教学活动的灵魂,统领整个跨学科主题教学活动,保证跨学科教学不脱离学科立场和育人方向,是确定教学方向和教学旨归的根本依据。跨学科主题教学是义务教育各学段全面育人的重要载体,也是各科目教学内容的重要组成部分,其受多方面目标的指导,需要在目标建构时考虑三重要素:一是跨学科主题教学的根本基点和最终导向,即培养德智体美劳全面发展的人,实现从跨学科育人模式向跨领域教育范式的转变,贯彻五育互联、共育的教学理念。二是多个主题活动共同着力培养的学科核心素养和跨学科核心素养,其中学科核

---

① 王飞,吴晓楠.跨学科主题教学的意蕴辨读与行动路向——基于"五育融合"的视角[J].湖南师范大学教育科学学报,2023(5):22-27+94.

心素养是彰显各学科本质属性和独特育人价值的目标,是"中国学生发展核心素养"的学科化和具体化显现;跨学科核心素养是跳脱学科框架的综合性目标,需要各学科课程的跨学科主题教学共同着力实现。当前各国比较通行的跨学科核心素养是"4C",即合作素养(Collaboration)、沟通素养(Communication)、创新素养(Creativity)和批判性思维(Critical Thinking)[①]。三是跨学科主题直接对应的微观目标,由一个或几个具体的活动目标组成,是学生跨学科实践活动成果的显性化。概言之,三者是从高到低、由抽象到具体,是由五育融合目标到核心素养目标,再到主题目标逐渐细化的过程,三者共同构成了跨学科主题教学的目标体系(见图4-2)。

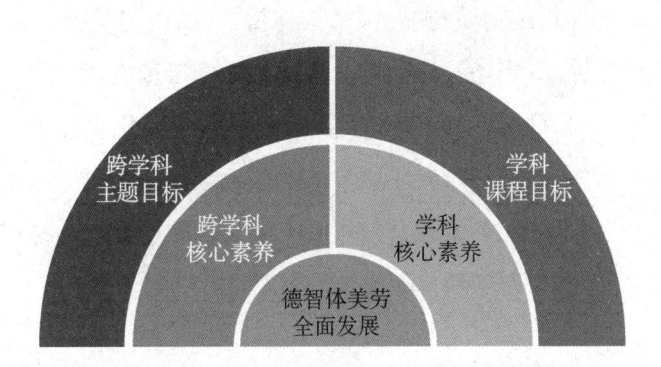

图4-2 跨学科主题教学目标的三个层级

(二) 主题

主题是不同学科知识架构和融通各育内容的有效支点[②],用以统摄不同学科的知识内容,通过聚焦或映射的形式实现多育联结。聚焦体现在主题是对相关学科事实、概念、原理或社会及生活议题的遴选、整合和凝练,具有一定的整合性和抽象性,不是对多学科知识的碎片化整合,表现学科间共同特性或价值取向。映

[①] 张华.核心素养与我国基础教育课程改革"再出发"[J].华东师范大学学报(教育科学版),2016(1):7-9.
[②] [美]罗伯茨,克洛夫.跨学科主题单元教学指南[M].李亦菲,译.北京:中国轻工业出版社,2005:11.

射则是指从某一主题出发对不同学科内容施以反作用力,引发学习主体对某一主题的多维度及多学科视角的理性审视。各学科"新课标"中列举了部分跨学科主题,虽然各有其自身的学科特质,但从主题内容的来源维度出发可大致归为三类主题,即来自学科内容的学科类主题、源自学生个体的生活类主题及与社会现象或问题相关的社会类主题,其中就统摄范围和综合程度来说,社会类主题是有关人类生存、社会发展的重要、永恒、值得讨论的大思想或复杂、综合的大问题,如"新课程方案"中提到的中华传统文化、革命文化、国家安全、生命安全与教育等重大主题,这类主题的统摄范围最大。学科类主题是对不同学科领域交融点的提炼,指向学科前沿与发展动态、反映学科本质的核心概念主题,统摄范围次之。如义务教育阶段科学课程的物质与能量、结构与功能、系统与模型、稳定与变化等4个跨学科概念便是在13个学科核心概念基础上提炼出来的,其涵盖了物理、天文学、地球科学等多学科内容[①]。学生生活类主题是教学过程中与学生自身有关的重要或必要的大概念,在选择时应注意与学生知识经验、成长需求、认知水平等相契合,其综合程度较低。三类主题共同作用于跨学科教学目标的达成和五育融合目标的实现,共同组成了跨学科主题教学的主题域。

(三) 资源

  目标表征了教学的应然方向,主题划定了教学的内容范围,但其实然走向还需要考虑资源的优化配置。资源是跨学科主题教学实施过程中所需的工具、材料等素材类资源及各类数字化教学资源的集合。资源的优质配比能显著提升教学效果,增加学生学习兴趣和教师成就感。跨学科主题教学在内容上整合多学科知识,涉及多学科综合实施,对资源种类及配置要求较高,需要教师重视物化资源的储备并借此将抽象的知识直观化、具象化,以帮助学生产生深刻的理解,提升学习

[①] 中华人民共和国教育部. 义务教育科学课程标准(2022年版)[M]. 北京:北京师范大学出版社,2022:16-18.

者的工作记忆能力及与之相关的其他认知功能。跨学科主题教学的开展还要求教师要充分利用隐性的生成性资源,如学生对某一问题的奇思妙想、多学科视野下的"歧义"或"误读"等都是引发学生思考、拓展思维场域的教学生长点。此外,跨学科主题教学整合的作用场不但涉及内容体系和方式方法,还在于教学时空、教学主体等的灵活调节和制度突破,需要调整现有的教学时空资源,整合校内各学科教学资源的同时开发和利用自然和社会资源,打破学校教育的围墙,帮助学生走出课堂和学校。

(四) 活动

跨学科主题教学活动是基于学科逻辑和学生认知发展逻辑组织的跨学科实践类活动,需要选择与学生已有经验和接受能力相匹配的学科符号系统和逻辑形式,以项目化学习、单元式学习、主题活动等形式展开。它要求学生在实践过程中能够对所涉及的学习领域产生深入和广泛的理解,破除狭隘的、碎裂化的单一学科思维,灵活调用不同科目特有的方式、概念和方法解决问题,为知识转化为素养搭建桥梁。在活动组织时要摒弃"离身的"知识,注重五育元素的涉猎,将德智体美劳"五育"课程元素恰当、适时地融入活动中,但不是要求每个活动都必须摄入等量的德智体美劳各要素[①],而是在本学科的整体跨学科主题教学实施中实现五育各要素的均衡配置,充分发挥各学科的独特优势,完成从五育并举到五育融合的转换。

(五) 情境

跨学科主题教学重视学生问题解决能力的培养,需要教师创设有利于知识运用的真实情境,为知识转化为能力进而凝结为素养提供场域和路径。跨学科主题教学的情境是在个人体验、学科认知、社会生活的综合考量基础上形成的整合性的真实情境,在情境创设过程中尊重学生在获取知识时方法和偏好的相异、保证

---

① 宁本涛,覃梦蒙."五育"如何美美与共[J].教育发展研究,2021(22):48-53.

学科知识与技能的有效转化以及社会生活问题的深入认知或解决。如李吉林老师提出的主题性大单元情境教学重视情境在解决跨学科实践问题的重要作用,其将整个校园创设为一个快乐、热烈、美好的情境教育大课堂,为学生提供了活化、整合和运用知识的学习机会[①]。

(六) 评价

评价作为教学过程的最后一环,应与目标相呼应,依据教学内容特点及学生成长情况设置多维度评价指标,对"教"与"学"形成有效反馈。跨学科主题教学评价是学科教学评价的改进与提升,需要重建适应五育融合的教学评估体系和测评框架,回应未来社会对综合人才的基本诉求。跨学科主题教学指向学生创造性整合各育知识以解决问题、创造成果的综合素养,其评价内容不仅包括知识、技能等可视化元素,还涵盖态度、价值观等潜在特质,是一个多维度、多层次的评价指标体系。因此,可以从学科认知广度、学科思维深度、学习投入程度、活动方式的灵活度、任务的达成度等方面进行系统分解。就评价方式来说,应强调过程性、参与性,设计表现性任务、表现性事件等类型丰富的评价证据,进行表现性评价设计,同时以真实性评价消除标准化纸笔考试的弊端,通过复杂的、不良结构的现实任务,检验学生适应未来生活和专业领域发展的能力[②]。就评价主体来说,跨学科主题教学涉及不同学科内容、跳脱学校这一教育场域、致力于多维目标达成,因此需要学生、教师、社区、家庭等多主体"因材施评",并将评价结果及时反馈,以不断修订和完善模型,持续提升跨学科主题教学的实施效果。

四、跨学科主题教学设计的步骤

因不同学科的学科性质有别、学科核心素养各异,且不同类型跨学科主题的

---

① 郝京华.李吉林情境教育三部曲的课程论意义[J].中国教育学刊,2016(10):22-25.
② 杨向东."真实性评价"之辨[J].全球教育展望,2015(5):36-49.

内容属性和特点千差万别,以及校情学情和师资力量迥异及开展跨学科主题教学的进度差异等,决定了跨学科主题教学并没有一套放之四海而皆准的固定程序或步骤。不过,总体而言,围绕目标、主题、资源、活动、情境和评价等六大要素进行跨学科主题教学的科学设计,大体会包括如下几个步骤或程序。

(一) 目标的确立

跨学科主题教学的目标是培养学生的跨学科素养,它是对学科核心素养的逻辑统整,能有效促进教学目标从学科化向整体性的回归,有助于培养德智体美劳全面发展的人。跨学科主题教学的目标制定需要教师把握核心素养的整体性,具体分析各学科核心素养的内涵及结构,找寻不同学科间核心素养的重合点,并以此为目标审视性质相关或相近学科的跨学科主题教学,避免各科目跨学科教学间的交叉重复。如义务教育物理、化学、生物学科的素养目标就存在多个交叉点,其适用于组织以任一学科为中心的跨学科主题教学。

学校应该依据核心素养的要求和特点明确所有跨学科主题教学活动的核心素养目标。因为当前义务教育和高中阶段各学科核心素养已经厘定,因此在进行跨学科主题活动的确定时,一方面可以依据各学科核心素养的关联将学科核心素养比较接近的对应主题或内容进行整合,若各学科核心素养的相关本就作为寻找跨学科主题的依据的话,那么构建的跨学科主题所应实现的核心素养就比较明确。比如《义务教育语文课程标准(2022年版)》"文化自信"核心素养下有培养学生"热爱中华文化,继承和弘扬中华优秀传统文化、革命文化、社会主义先进文化,关注和参与当代文化生活"[1]等具体核心素养目标,这与《义务教育道德与法治(2022年版)》"政治认同"核心素养下的培养学生"增进中华民族价值认同和文化自信""热爱伟大祖国,热爱中华民族,自觉铸牢中华民族共同体意识,有以实现中

---

[1] 中华人民共和国教育部. 义务教育语文课程标准(2022年版)[EB/OL]. (2022-03-25)[2024-07-07]. http://www.moe.gov.cn/srcsite/A26/s8001/202204/W020220420582344386456.pdf.

华民族伟大复兴为己任的使命感"[①]的目标有较大的相似性和相关性。因为基于2022年"新课程方案"和各科"新课标"的新教材将于今年秋季学期全面使用,新教材是对"新课程方案"和各科"新课标"的落实,因此可以基于上述核心素养要点的相似性将两门学科的相关主题或内容进行适当整合。

另一方面,为便于横向对照各学科核心素养、筛选素养交叉点,教师还可以将各门课程整合成目标间有关联度的课程群,对比同类课程的素养目标。如可以依据课程内容的属性,将课程分为学科课程群和活动课程群两大类,前者包括语文、英语、日语、俄语、道德与法治、地理、历史、物理、化学、生物、科学、数学、信息科技、体育与健康和艺术等,后者包括劳动、综合实践活动、地方课程、校本课程等(见表4-1);也可以依据学科逻辑体系及学科性质将课程分为学科课程与活动课程两大类型,依据学科逻辑体系及性质将语文、英语、日语、俄语整合成"语言文学类",道德与法治、地理、历史归为"历史文化类",物理、化学、生物、科学、数学、信息科技归为"自然科学类",体育与健康和艺术归为"艺术体育类",劳动、综合实践活动、地方课程和校本课程归为"综合实践类"等课程模块,归纳同一课程模块内相似或相近的素养目标作为跨学科主题教学的方向指导,并适当兼顾不同类型课程群间素养目标的关联(见表4-2)。在确立跨学科教学的整体素养目标基础上,还可以根据主题内容、任务活动等设置层次不同的各级目标。

表4-1 依据课程内容属性的跨学科主题课程群

课程群	课程
学科课程群	语文、英语、日语、俄语、道德与法治、地理、历史、物理、化学、生物、科学、数学、信息科技、体育与健康、艺术等
活动课程群	劳动课程、综合实践活动、地方课程、校本课程

[①] 中华人民共和国教育部.义务道德与法治课程标准(2022年版)[EB/OL].(2022-03-25)[2024-07-07].http://www.moe.gov.cn/srcsite/A26/s8001/202204/W020220420582343475848.pdf.

表4-2 基于学科逻辑体系及学科性质的跨学科主题课程群

课程群	课程
语言文学类	语文、英语、日语、俄语
历史文化类	道德与法治、地理、历史
自然科学类	物理、化学、生物、科学、数学、信息科技
艺术体育类	体育与健康、艺术
综合实践类	劳动、综合实践活动、地方课程、校本课程

此外,还需要注意的是,也有一些跨学科主题的确立并非从各学科核心素养相关角度出发遴选的,而可能是从各学科主题、内容等相近、相似或相联等的角度出发进行整合的,此时这些被整合在一起的、来自于不同学科的主题或内容其原来所对应的学科核心素养就不一定是比较接近的,就需要明确跨学科主题既要实现原有被整合内容对应的各学科核心素养,也要关注整合在一起的新主题可能在学生整体思维、创造力等维度的功能,这些也应该被纳入新确立主题所应达成的素养目标体系中。比如将地理、历史、道德与法治等学科有关丝绸之路的内容整合为"探寻丝绸之路、共话家国情怀"的跨学科主题时,该跨学科主题的目标体系首先要实现原来各门课程内容已定的目标;其次要聚焦于本课程原来内容的深入性理解,比如将丝绸之路与人类命运共同体建设等呼应;最后还应该突出创新思维、系统思维、文化自信等高阶思维或能力方面的目标,比如通过让学生对丝绸、棉布、亚麻等人类不同织物制作的比较和适当的仿制,探寻技术与人、技术与环境、技术与文化间的关联,以及养成精益求精、一丝不苟的工匠精神等。

(二) 主题的厘定

主题具体表现为联结多学科知识的概念、原理或综合性问题,为保证其辐射场域突破单一学科界限,就要遵循"张网式整合模式"(The Webbed Model)的主题

跨学科主题教学：理解、设计与实施

选定原则，即选取具有一定通用性和启发意义的主题，通过该主题与各学科知识与问题建立起网络式的联系，保证主题的统摄范围[①]。比如科学课老师在选定"科技是利大于弊，还是弊大于利？"这个跨学科主题时，通过纵览其他学科内容，明确了道德与法治课程可以为该主题提供科技诱发的系列社会伦理问题的思考，历史课程中有关不同历史时期人口变化与当时科技进步的关联也能为该主题的深入思考提供广阔的历史视角，信息科技、语文和数学课程则可以为该主题的思考提供多种数字或文字处理工具等。

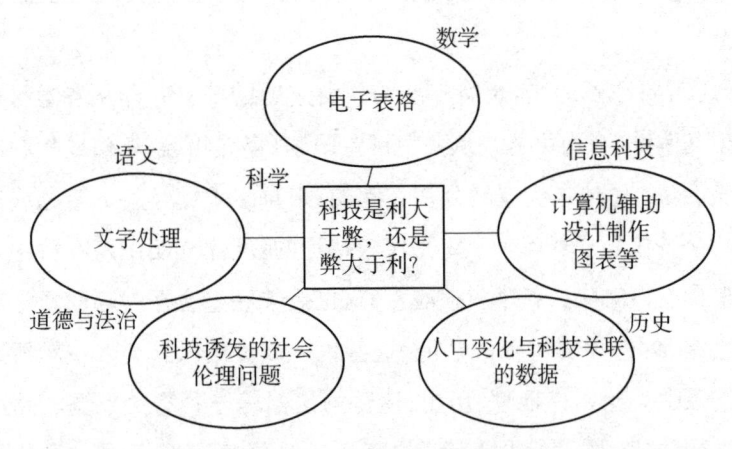

图 4-3 "科技是利大于弊，还是弊大于利？"跨学科主题结构图

跨学科主题的确立路径可大致分为"既定"和"生成"两种。具体来讲，"既定"指向教师从"新课程方案"及各科"新课标"所建议的主题中有目的地挑选合适的主题。比如《义务教育地理课程标准（2022年版）》要求地理跨学科主题"主要选取生态文明建设、环境保护、资源利用、家乡环境与人们生产生活的变化、乡村振兴等方面真实存在的事物和现象，设计的问题具有研究价值和现实意义"[②]。并给出

---

① Fogarty R. Ten ways to integrate curriculum [J]. Educational leadership, 1991(2):61-65.
② 中华人民共和国教育部. 义务教育地理课程标准（2022年版）[EB/OL]. (2022-03-25)[2024-07-07]. http://www.moe.gov.cn/srcsite/A26/s8001/202204/W020220420582354066450.pdf.

了"案例1探访'地球之肾'——湿地"和"案例2我的家在这里"两个案例。地理教师可以在遵循《义务教育地理课程标准(2022年版)》有关地理跨学科主题的相关要求基础上,将给出的案例进行适当的修订或拓展,使之成为符合本校校情学情的地理跨学科主题。

"生成"是基于课程文件的相关要求、本学科的素养目标、当地社会生活和学生发展特点开发新的教学主题。为保证主题的综合性和可行性,教师需要在具体操作时考虑以下要素:首先,以本学科的重点知识为依托,即有一定难度的、居于重要位置的、仅靠讲解很难深入理解或需要借助其他学科帮助才能促进深入理解的知识。比如历史课程中有关丝绸之路的内容,涉及的历史非常漫长、内容极其庞杂,且与当今"一带一路"建设有紧密的联系,若仅从历史学科角度去学习,学生很难深刻掌握丝绸之路在历史上中外文化交流中的重要价值,这样的主题就适合作为跨学科主题。其次,主题应具有延展性,即涉及面广,能够帮助学习者广泛迁移于本学科类似主题或其他主题的学习。比如黄河治理这个主题,它既可以以历史为主线,将不同时代黄河治理的英雄人物及其重要的历史事件相串联,提升学生对英雄人物舍己为人精神的深刻了解;也可以从不同时代科技在黄河治理中的应用角度将相关内容串联,让学生在初步了解和掌握河水治理原理基础上,理解科技与生活的关系;还可以围绕某个主题,比如"作为母亲的黄河"或"黄河母亲河"等,将有关黄河的诗歌、散文、艺术作品等串联,让学生将散落于不同时代、以不同形式呈现的有关黄河的文学艺术作品进行统整,在头脑中构建起围绕黄河的完整的知识体系。再次,主题具有探究性,不是有明确定论的内容,而是在现在和未来都有必要去思考如何解决的内容。比如信息科技中人工智能与人的关系主题,围绕该主题,教师可以引领学生审视与思考电报、电视、电脑、网络,以及最新的信息技术等对人类社会生产生活各领域带来利弊影响。最后,主题应具有较强的实践性与可操作性,即围绕该主题教师能够较容易地组织学生开展系列实践探究活动,以将跨学科的知识与社会问题的解决联系起来,实现学习的有效迁移。比如食物保鲜这个主题,既包含生物、化学、物理等多学科的知识,也是学生日常生活常见的现象,在深入开展该主题学习的过程中,学生还可以将所学知识随时应用于日常生活中。

表4-3 跨学科主题的来源

来源	特点或要求
既定	从各科新课程标准建议的跨学科主题案例中选择并细化。
生成	1. 应该是学科内容中的重点和难点知识; 2. 应该具有较好的迁移性或范例性; 3. 应是未有定论或可以从多角度审视与思考的知识; 4. 应该与实践具有密切的联系。

(三) 学习任务链和实践活动串的设计

跨学科主题确定后,还需要学校和教师对跨学科主题进行细化,以任务或项目的方式呈现,具体而言,就是需要将大的主题细化为系列小任务、小项目。这些小任务或小项目必须是可操作性的,因为核心素养的达成最有效的途径是学生在知识运用的过程中提升的,尤其是跨学科核心素养的实现更加依赖于学生问题解决的完整流程。我们可以称其为"学习任务链"和"实践活动串",比如陆上丝绸之路与海上丝绸之路比较的小主题就可以划分为如下程序:首先让学生通过自主阅读了解陆上丝绸之路与海上丝绸之路的形成历史、路线、意义等内容;其次分享交流所掌握的材料,教师进行适当的补充;然后,教师将学生分为若干组,分组过程中既要考虑每组学生素养能力方面的均衡,也要兼顾学生的意愿;最后在组内完成任务、达成共识基础上,进行组间分享与交流,由老师进行概括总结,并在条件允许情况下通过展示栏、网站等方式展示学生的成果,以激励学生的兴趣、提升其参与的动力。比如,地理教师将地理学科中有关水灾治理的内容与数学容积等内容相整合,并以学校为真实的场域,构建了"校园水灾治理"这个跨学科主题;并围绕困扰学校师生已久的系列问题,如为何校园一下雨就积水、校园积水的根本原因是什么、怎样彻底解决校园积水问题等构建了"校园水灾的成因""校园水灾的根治"两个学习任务链；然后围绕"校园水灾的成因"分析了校园不同区域积水程度、积水多少与井盖数量的关联等，由此制定了"校园水灾的成因"任务链下的"画校园水灾安全隐患图""画校园排水口和积水区分布图"两个实践活动串。"画校园水灾安全隐患图"旨在让学生运用数学中所学的比例尺、面积等知识，将校园各区域和建筑等形象地呈现，经此，学生将全面了解和掌握学校的总体布局，为接下来分析积水问题提供基础；"画校园排水口和积水区分布图"则是在"画校园水灾安全隐患图"的基础上，将排水口及其大小（排水量）清晰地标注出来，并通过所学地理知识和数学知识，分析各排水口所辐射的校园面积，从而找出各区域积水不同的原因所在。"校园水灾的根治"任务下又设置了"增加排水口"和"加大排水量"两项活动任务，前者旨在根据学生发现的积水较重区域与排水口数量少有关的现象，让学生依据地理、数学等知识找到适合的新增排水口的精确位置；后者则让学生思考若在无法增加排水口或者增加排水口会造成过重的经济负担的情况下，如何通过适当增加现有排水口的排水量以解决校园积水的问题。

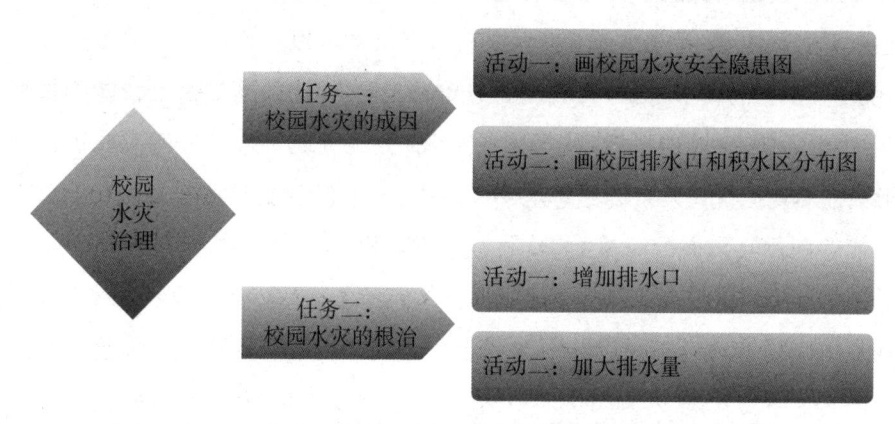

图4-4 校园水灾治理跨学科主题教学的学习任务链和活动任务串

(四) 情境的创设

　　学习任务链和实践活动串必须基于真实的任务或问题情境,让学生通过具体解决系列问题,才能真正实现其跨学科素养的提升。在跨学科主题教学的设计环节,教师应基于学科视角思考与审视生活中的真实问题,对其进行学理化阐释与设计,借助真实性问题作为教学切入点,引发学生的认知冲突并借助驱动性问题串联各教学活动,组织学生参与具身化的学习活动,重视其学习体验的获取及思维的进阶。源自生活情境中的问题往往是复杂的、跨学科的、综合的及实践性的,需要学生在深度学习及深度思考的基础上,对不同学科的知识与技能进行整合,在理解问题、分析问题、解决问题的过程中,学生能生成对学科内容、自我及社会的深度认知和理解,将学科教学中习得的形象思维、抽象思维、直觉思维等基本思维转换升级为批判思维、创造思维、计算思维等高级思维,加快实现学科知识向社会适应力的转换。

　　需要注意的是,所谓的"真实情境"并非只包括现实生产生活领域实际发生事情所依存的物理或文化空间,也包括教师根据任务特点和需要,积极借助人工智能等工具所创设的接近于真实的情境。首先,人工智能能够发挥模拟功能。模拟久远或者微观世界、宇宙星体运行,以及真实情境难以呈现或呈现成本过高的情境,恢复其褪去的真实背景,使不在场的知识在场化,比如通过人工智能模拟杜甫《茅屋为秋风所破歌》的场景,使学生更直观、更具身地了解伟大诗人杜甫在窘迫处境中依然忧国忧民的崇高思想境界。其次,人工智能能够发挥复现功能。人工智能能够利用其掌握的海量数据,通过精密分析,将远离学生当前生活背景和体验的事物以身体格式而非符号格式的方式进行组合,使事物在不在场时仍能部分呈现其本真样态,复现原有情境,比如学校利用人工智能复现已经失落的某个时代人民的生活场景、未来人类生产生活的景观,以及外星探索等景观,促进学生形成身临其境感。最后,人工智能能够发挥延伸人的身体的功能。学校通过积极引入与科学运用人工智能,比如利用智能眼镜实现对学生眼睛功能的延伸,帮助学生更多、更好、更深地认识事物、掌握知识,帮助延伸学习者的身体,拓展学生的知觉范畴和水平,带来更深刻、更真切的学习体验。由此通过人工智能对难以完全真实呈现的情境进行电子化呈现,"活化"了远离学生的知识,使不在场的知识在场化,使之走进学生的当下生活,为跨学科主题活动的开展提供了更广泛的情境范畴。

(五)"脚手架"的提供

学校和教师在组织学生开展跨学科主题探究活动的过程中,应该积极提供系列化的支持学生开展跨学科实践的有效支架。学校可以积极聘请教育理论研究者、省市区级教研员等与学校各科骨干教师一起开发跨学科学习指南,作为开展跨学科学习的主要脚手架(Scaffolding)。

建构主义研究者将脚手架理解为一种学习新理念和新方式,其主要发生在学生凭借自身现有能力难以有效解决问题时,教师所提供的帮助与支持[1],以促进学生潜在能力的发展与提升,不断拓宽最近发展区。学校为学生开展跨学科学习提供的脚手架应是基于学生立场所构建的,旨在帮助学生有效实施跨学科学习的详细指南,它应该包括主要的跨学科主题学习开展的大致程序、主要流程、基本规范和要求,以及学习主题背景介绍、学习目标阐释、具体活动安排、学习资源及获取方式、学习内容概要及开展、学习成果展示及检验等。当然学习指南的性质和目的是服务于学生进行跨学科主题学习的,而非阻止学生在跨学科主题学习过程中的自主性及创造性发挥的,因此学习指南不能过于翔实,要给任课教师和学生留有足够的发挥空间,并允许任课教师和学生根据具体情况对学习指南进行适当调整。

(六)评价与反馈

科学有效的评价是指导跨学科主题教学深入、系统推进的关键环节。教师应该高度重视评价在跨学科主题教学实施中的重要作用,除了对一个完整的跨学科主题实施后的效果进行评价外,教师还应该多关注每个跨学科主题活动实施过程

---

[1] 戴妍.对话式脚手架:一种新的学习策略[J].现代远距离教育,2014(4):44-49.

中以及实施后学生身上发生的变化。与单学科教学或单学科主题教学评价更关注本学科内知识、技能、思维等的掌握不同,教师对跨学科主题教学实施的评价应该更加关注学生跨学科知识的掌握程度、融合深度,以及综合运用多学科知识解决复杂问题的能力等方面。

评价与反馈环节既包括每个主题过程中及结束后的评价与反馈,其主要目标是避免学生在开展活动中的主任务的偏移,以保障方向性正确。这部分的评价与反馈主要是融入主题实施过程之中的,此时的评价与反馈需要跟具体任务的操作细节相关联,以提升评价与反馈的针对性和指导性。还有一种评价与反馈则是在期末或学年结束后的评价与反馈,这种评价与反馈主要着眼于学校和教师系列跨学科主题设置初始目的的达成情况,需要根据评价与反馈决定哪些主题需要进行替换或者进行大幅度的修改,以及不同主题的排列顺序的调整等问题。此时的评价与反馈需要具备更高站位和更远视野,需要着眼于跨学科核心素养的实现程度,而非具体细节。

教学评价意在考察教学的应然状态与实然状态是否趋于统一,其直指学生的多学科素养,即居于认知领域之上,涉及逻辑思维及综合能力的高阶目标。跨学科教学评价一改传统纸笔测验对学生认知能力的偏重,而是在其基础上审视学习者的跨学科素养,如评估学生的学习投入程度、思考问题的广度和深度、应用跨学科知识解决问题的灵活度等,注重解释学习者在活动过程中的各方面行为表现及实践成果,需要教师基于"新课标"及活动目标对学生的成长情况进行全方位、多维度的审视,尤其是与单学科教学模式中的学习情况进行对比分析,明晰本次跨学科主题教学的经验及不足,帮助教师及时调整和完善教学计划,优化教学效果。

此外,跨学科主题教学评价还应基于真实的情境对学生的实践活动进行多角度评估,其真实性主要体现在:其一,评价问题设计要基于学科立场,如某学科的经典、前沿问题或当下研究的难点、热点问题等;其二,情境须源于真实的学生生活或社会情境,能够模拟真实的问题解决场景。在真实情境中以形成性和终结性评价相结合的方式考查学生的任务完成度,注重利用教师、合作伙伴、学生自我等多主体的有效反馈促进学生综合素养的提升。

从评价的具体指标角度看,一是对跨学科主题教学项目的评价。对跨学科主题教学项目的评价应围绕目标、主题、资源、活动、情境和评价等六大要素展开。其中,目标既要体现宏观维度跨学科主题教学对促进五育融合,实现德智体美劳全面发展的程度,也要关注对提升学生合作素养、沟通素养、创新素养和批判性思维等跨学科核心素养的实现程度,还要看微观层次跨学科主题教学达成被整合内容前各内容对应的学科目标的程度。无论是既定主题还是生成主题均需要从其"聚焦",即主题对相关学科概念、原理等的整合程度,以及"映射",即主题对后续学习及社会、生活等广泛领域的可迁移性。资源方面应首先关注校内对跨学科主题教学开展所需人财物等资源的丰富性和适宜性,还要看家校社资源协同方面的程度。活动应着眼于学习任务链和活动任务串设置的科学性,因学习任务链主要是为了细化跨学科主题,并将跨学科主题任务化或项目化的,所以对其的评价应重点关注其与跨学科主题的对应性及细化的合理性;活动任务串则是对学习任务链的进一步细化,并以学生参与的具体活动形式呈现,所以对其的评价应该重点关注各活动任务间的关联以及落实学习任务的情况。情境则主要是服务于跨学科主题教学活动的鲜活化,对它的评价应着重于情境创设的氛围诱发的学生体验的真切性与沉浸性程度。而对于评价的测评,则应从评价揭示问题、找到对策的视角去审视,重点关注其在对跨学科主题教学各环节开展情况,尤其是存在问题的揭示效果、原因分析及指导反馈和完善的指导作用。

表4-4 跨学科主题教学评价表

一级指标	二级指标	内容说明	评价星级(五星)
目标	宏观目标	体现五育互联和共融的程度	
	中观目标	合作素养、沟通素养、创新素养和批判性思维等跨学科核心素养	
	微观目标	跨学科主题活动直接实现的目标	

续表

一级指标	二级指标	内容说明	评价星级(五星)
主题	聚焦	主题对相关学科概念、原理等整合和凝练的程度	
	映射	主题在后续学习与生活等领域的范例性与迁移性	
资源	校内资源	学校为跨学科主题教学开展提供的人财物资源	
	校外资源	学校积极运用社会、家庭等资源辅助学校开展跨学科主题教学	
活动	学习任务链	与主题的对应程度以及各学习任务间的联系性	
	实践活动串	与学习任务间的对应性以及各实践活动间的联系性	
情境	真实性	引发的学生体会和感悟的真切性程度	
	适切性	与跨学科主题内容的相关性程度	
评价	针对性	对跨学科主题教学各环节和各要素的体现程度	
	指导性	对跨学科主题教学后续修订与完善的指引程度	

二是对学生跨学科主题学习效果的评价。依据"新课程方案"强调"改进结果评价,强化过程评价,探索增值评价,健全综合评价"[1]的要求,对学生跨学科主题

---

[1] 中华人民共和国教育部. 义务教育课程方案(2022年版)[EB/OL]. (2022-03-25)[2024-07-08]. http://www.moe.gov.cn/srcsite/A26/s8001/202204/W020220420582343217634.pdf.

学习的评价应兼顾过程性评价与终结性评价,其中过程性评价重在测评学生在跨学科主题教学过程中的主动参与、协作交流、探究学习和创新意识,终结性评价则主要考查学生完成某项作品的质量;同时,要增设增值评价,以考查学生通过系列跨学科主题活动在创新思维、合作意识、协作能力等方面的进步情况。增值评价的要素与过程性评价相近,只是与过程性评价往往主要针对某一项跨学科主题教学活动的开展环节进行评价不同,增值性评价往往被用于多个跨学科主题教学活动间,以用于评测学生跨学科相关素养的提升情况,并为后续跨学科主题教学活动的安排提供学情基础和修订意见;最后,综合评价主要采取描述性的评价语言,着重对学生完成跨学科主题学习的全过程以及诸方面表现进行整体性评价,并给出提升学生跨学科主题学习效果的方向性建议。

表4-5 跨学科主题学习评价表

评价类型	评价指标		评价星级(五星)		
	一级指标	二级指标	自评	同学评	教师评
过程性评价	主动参与	参与意识			
		参与能力			
	协作交流	沟通能力			
		合作精神			
		自我约束			
	探究学习	提问问题			
		作出假设			
		制定计划			
		实施计划			
		得出结论			
		表达交流			

续 表

评价类型	评价指标		评价星级(五星)		
	创新意识	创新动机			
		创新意志			
		创新兴趣			
		创新情感			
	一级指标	二级指标	自评	同学评	教师评
终结性评价	思想性	作品(成果)设计科学合理			
	技术性	作品(成果)精细度、完整性			
	艺术性	作品(成果)形式丰富、图文并茂			
	一级指标	二级指标	自评	同学评	教师评
	主动参与	参与意识			
		参与能力			
增值性评价	协作交流	沟通能力			
		合作精神			
		自我约束			
	探究学习	提问问题			
		作出假设			
		制定计划			
		实施计划			
		得出结论			
		表达交流			

续　表

评价类型	评价指标		评价星级(五星)		
	创新意识	创新动机			
		创新意志			
		创新兴趣			
		创新情感			
综合评价	对跨学科主题学习整个环节表现的描述性评价及建议		自评	同学评	教师评

第五章　跨学科主题教学的实施

为了全面提升跨学科主题教学的实施效力和开展质量，就需要学校统筹设计各门课程的跨学科主题教学活动，否则很可能出现各门课程所开设的跨学科主题交叉重复或者协同性、联系性不足等问题，既影响了其综合育人效力的发挥，也增加了教师的负担。"五育融合"是新时代中国教育变革与发展的基本趋势[1]，是落实综合育人和全面发展理念的重要抓手，为学校系统化地开展跨学科主题教学提供了根本遵循和主要依据。依据课程内容的属性，可以将课程分为学科课程与活动课程两大类型，故学校跨学科主题教学的综合设计可以从学科课程间、活动课程间、学科课程与活动课程间三个维度进行统筹实施。根据三者融合内容的主要属性，可以将它们分别命名为学科协同式跨学科主题教学、活动交互式跨学科主题教学和素养交融式跨学科主题教学。

一、学科协同式跨学科主题教学的实施

"人的知识结构的主要部分都是由间接的知识为基石构成的"[2]，学科课程的内容就是从人类积累的浩瀚的间接知识宝库中精心选择的产物，它保障了人类间接知识在代际之间的继承与传递。不过，近代以来，随着科学研究的深入，研究领

---

[1] 李政涛,文娟."五育融合"与新时代"教育新体系"的构建[J].中国电化教育,2020(3):7-16.
[2] 顾明远.教育大辞典(第六卷)[M].上海:上海教育出版社,1992:21.

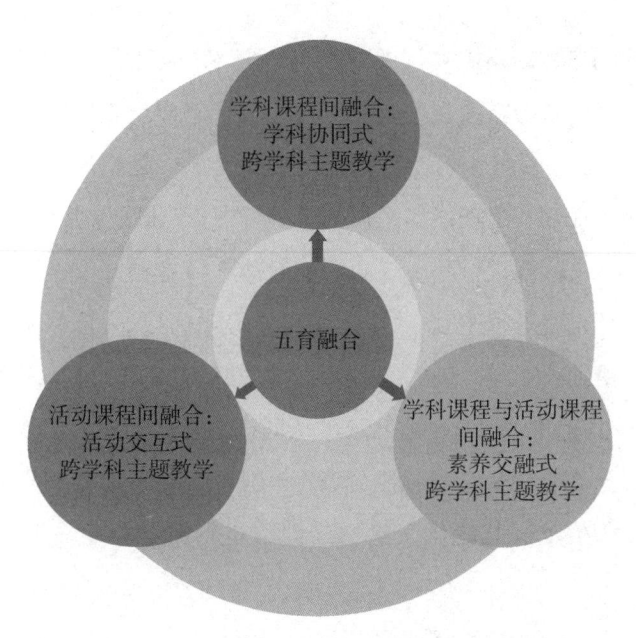

图 5-1 跨学科主题教学实施的三种模式

域的划分越来越细、界限愈来愈明显,作为主要承接与吸纳各科研领域间接知识的学科课程的种类也日渐增多,各学科知识间的联系性日渐减少,加之课程实施环节未充分增强学科知识间的联系,导致学生难以从总体上把握和认识知识。而碎片化和条块分割的知识既易忘却,也无法让学生对世界图景进行全面的了解,还难以运用知识解决真实世界中的问题,并因知识学习与生活和世界的脱节造成学生很难看到知识学习的意义和价值,致使学习成了"苦役"。正是看到学科课程内容割裂所导致的一系列危害,"新课程方案"和"新课标"突出强调要优化课程内容结构,通过设置跨学科主题来增强各学科间的关联。因此,从学科课程间的关联视角设置跨学科主题的目标指向是统整学生的学科知识,帮助学生认识世界的完整图景,培养学生综合运用知识解决问题的能力以及在此基础上实现学生综合素质的全面提升。

在充分理解了"为何设置"跨学科主题的基础上,还需要充分了解如何设置及设置什么跨学科主题,即还需要回答"怎样设置"和"设置什么"的问题。"怎样设置"和"设置什么"是紧密联系在一起的,若缺乏对"怎样设置"的科学思考与实施,必然导致设置的主题或内容的随意化、浅表化,比如可能出现将不同学科相近内容进行简单拼凑的做法,出现诸如在视网膜讲解中,穿插眼保健操等滑稽整合。

具体而言,学校应该进行基于核心素养的跨学科主题开发的顶层规划与系统设计,即学校应该对各学科核心素养进行充分解读,以此为依据确立各学科育人目标上的相同、相近或相似之处,为跨学科主题的设置提供"导航"。比如《义务教育道德与法治课程标准(2022年版)》政治认同核心素养下有关热爱中华文化的相关素养[1],与《义务教育语文课程标准(2022年版)》文化自信核心素养下有关热爱中华文化的相关素养[2],就提供了这两门课程进行跨学科主题开发的重要依据之一。

继而,则需要对各学科教材中落实相同、相近或相似核心素养的内容进行深度解读与剖析,找准内容间的耦合点。耦合点的确立可以是多样的,既可以是由两门或多门课程内容的交叉部分确定。也可以将某门或某几门课程的相关内容作为更深入与便捷学习另一学科或另几门学科内容的途径、方式或视角,比如用数学中向量的内容为手段,将物理中力、速度、加速度、位移等的合成与分解转化为向量的加减法,既可以拓展学生解决问题的思路,也增强了跨学科知识间的联系,还增强了学生学习的兴趣。为了保障具体操作的合理性和科学性,学校在进行跨学科内容整合过程中,可以参照与借鉴著名课程整合专家雅克布斯(Heidi Hayes Jacobs)的课程整合模式。

雅克布斯1989年主编的《科际整合课程:设计与实施》(Interdisciplinary Curriculum: Design and Implementation)被送给数以万计的美国视导与课程发展

---

[1] 中华人民共和国教育部. 义务教育道德与法治课程标准(2022年版)[EB/OL]. (2022-03-25)[2024-02-20]. http://www.moe.gov.cn/srcsite/A26/s8001/202204/W020220420582343475848.pdf.

[2] 中华人民共和国教育部. 义务教育语文课程标准(2022年版)[EB/OL]. (2022-03-25)[2024-02-20]. http://www.moe.gov.cn/srcsite/A26/s8001/202204/W020220420582344386456.pdf.

学会(ASCD),并大量出版发行,成为20世纪80年代后课程整合的最重要著作之一,也是学校开展课程内容整合的重要理论参照。雅克布斯按照课程间内容整合的深度将课程整合划分为六种类型[①]:第一种是分立课程(Discipline Based Content Design)是指不同学科分立而设,没有学科间的整合,但教师可以根据学科内知识的联系进行学科内的整合模式。这种模式还没有实现跨学科课程间的综合,但各学科教师开始意识到要实现学科间内容的整合首先需要对学科内知识进行充分了解,并开始着手对学科内知识进行全面把握,对相关联的知识进行学科内的整合,这为学科间知识的整合奠定了基础。这提示学校在开展跨学科教学内容的整体设计时,首先要充分运用学科教研室或教研组等机构帮助各学科教学充分掌握本学科知识,全面了解本学科知识体系,并对相关内容进行整合。第二种是平行课程(Parallel Discipline Designs),是指维持原有的学科建制,但在内容安排上作一些调整,使联系较强的内容在同一时间段内教授。比如语文学科和道德与法治课程中相关联的内容可以在同一个时间段(如同一周,甚至同一天)教授,这样虽然未实现跨学科内容的形式整合,却因相关内容在同一时间段内进行教学,使得学生可以从多学科视角学习该主题,从而在学生头脑中实现了内容的整合。该模式提醒学校在开展跨学科主题教学的系统设计时,也可以考虑将不同学科的相近主题在时间安排上作适当调整,从而实现学生头脑中对相近主题认识的全面性。第三种互补学科单元或课程(Complementary Discipline Units or Course),是指以某个主题为核心将不同学科中相关的内容置于同一时间段内教授。这与第二种类型比较相近,它们都不需要在内容上真正实现跨学科的整合,只是调整内容的教授时间,以保障同一时间段内不同学科知识间关联的实现。不同的是,互补学科单元或课程强调两门或多门课程的任课教师当面临相近的任务或问题需要解决时,可以将能够有利于解决该任务或问题的所有学科内容融合进问题解决之中,从而实现从多学科视角解决问题,由此实现了内容的整合。第四

[①] Jacobs H. Interdisciplinary Curriculum: Design and Implementation [M]. Alexandria, VA: Association for Supervision and Curriculum Development. 1989:14-18.

种是科际整合的单元或课程(Interdisciplinary Units/Courses),是指以某个主题为核心将不同学科中的相关内容进行融合,如将不同学科的爱国主题整合起来,由各学科教师共同教授。第四个层次的整合真正实现了跨越不同科目间的内容的大幅度调整。学校在开展跨学科主题教学的整体规划与实施时,可以参照雅克布斯科际整合的单元或课程模式,将确需整合在一起的跨学科内容围绕同一个主题进行整合,但需要特别注意的是并非所有相关的内容都需要整合在一起,只有那些整合在一起进行学习更有助于学生深度了解与掌握的内容才需要融合,而且这些有深度、有难度的内容的整合最好要围绕一个真实或接近真实的任务、项目或问题来展开,让学生在解决真实任务、项目或问题中,实现跨学科内容的深度整合。第五种是统整日(Integrated-Day Model),是指在由不同教师组成的团队对内容的协商基础上引导学生共同商讨确定主题,在一天内完成某一主题的学习。在具体实施中,往往分成两种类型:一是学校单独拿出一天或者半天的时间,比如周五全天或周五下午,经由各学科教师根据一周中所讲内容的相关性,设置一个统一的主题,该主题涉及几乎所有学科在过去一周中讲授的知识,在不同学科教师的组织与带领下,围绕该主题进行实践探究,从而实现各学科内容的整合;二是每天下午或每天下午最后一节课不进行具体学科课程的教学工作,而是由不同学科教师组成团队,共同商定能够反映各门课程该天所讲内容的主题活动,从而实现课程间的关联。这提醒学校在开展跨学科主题教学设计时,也可以充分利用课后服务时间开展系列综合性的议题,并将这些议题与各学科所讲内容相联系,这样既可以保障课后服务内容的科学性,避免其零散化和过度游戏化,也可以为跨学科主题教学的实施提供重要的载体。第六种是完全整合课程(Complete Program),是指依据学生在学校生活中遇到的问题,这些问题很多是超越学科知识范畴的,比如学生上课注意力不集中、意志力薄弱、写作业或考试粗心大意等组织跨学科主题,主题确定后,再从各学科中选择有助于该主题解决的内容。这提示学校在开展跨学科主题教学主题的厘定时,也可以适当超越学科内容相关的视野,围绕学生在校,甚至是学生在生活中遇到的共性且重要的问题来组织跨学科主题,这些主题往往非常贴合学生的真实需要,更易获得学生的喜欢。

表 5-1 雅克布斯跨学科课程整合模式及其应用案例

整合类型	内涵	举例
分立课程模式 (Discipline Based Content Design)	指不同学科分立而设,没有学科间的整合,但教师可以根据学科内知识的联系进行学科内的整合模式。	比如初中地理老师通过对湘教版八年级下册地理教材内容的分析发现,八年级下册教材中《西北地区》和《新疆维吾尔自治区的地理概况与区域开发》两节的地理要素,除了地形、资源、植被等方面略有差异外,其他地理要素及其内容基本相似,为了避免重复,并增加两节内容间的关联,他按照地理要素将二者相近的内容进行整合,在每个要素讲解过程中,突出新疆不同于其他西北地区的若干方面,由此既节约了时间,又实现了教材中相近内容的关联,促进了学生掌握知识的系统性。
平行课程模式 (Parallel Discipline Designs)	指维持原有的学科建制,但在内容安排上作一些调整,使联系较强的内容在同一时间段内教授。	比如某小学为了增加不同学科教师对其他学科内容的了解程度,定期举办教师学术会议,由各学科骨干教师面向全校教师讲解本学科的内容结构、主题构成等。在相互了解基础上,该校在不影响学科结构和逻辑体系完整性和序列性基础上,对不同学科的相似主题的授课时间进行了调整,使得这些来自不同学科的相近主题在同一天或者同一周教授,如该校将人教版小学数学二年级上的《谁的植物长得好》与部编版小学语文二年级上的《植物妈妈有办法》的讲授时间进行调整,使之在同一周内进行,由此在比较接近的时间中,学生从语文和数学两个学科认识了植物,有助于学生在头脑中形成来自两个学科有关植物知识的统整。

续表

整合类型	内涵	举例
互补学科单元或课程模式（Complementary Discipline Units or Course）	指以某个主题为核心将不同学科中相关的内容置于同一时间段内由不同学科教师教授。	比如某学校围绕"家"这个主题，将部编版小学二年级上道德与法治教材的《团团圆圆过中秋》与部编版小学二年级上语文教材的《妈妈睡了》《小蝌蚪找妈妈》等内容调整到同一周讲授，帮助学生从道德与法治和语文两个学科角度认识"家"。
科际整合模式（Interdisciplinary Units/Courses）	指以某个主题为核心将不同学科中的相关内容进行融合。	比如将部编版语文小学六年级下的《十五夜望月》与鄂教版数学小学六年级下的《登上月球》的内容相整合，设计明月寄相思、月球之谜、探月历史、登月之路等主题，将两个学科的知识融入上述主题之中，实现深度融合。
统整日模式（Integrated-Day Model）	指在由不同教师组成的团队对内容的协商基础上引导学生共同商讨确定主题，在一天内完成某一主题的学习。	比如某学校规定每周五不再进行分科目授课，而是由所有学科教师经过商讨，根据各门课程周一到周四所讲内容的共性，设置某几项活动任务，如校园污水治理、校园欺凌防治等，通过这些活动将各学科相关知识进行整合。
完全整合模式（Complete Program）	指依据学生在学校生活中遇到的问题而非学科内容确定主题，根据问题选定主题后再从不同学科中选择内容对问题加以解决。	比如某学校校长在听取任课老师反映的学生中普遍存在着学习习惯不好的问题后，决定围绕学习习惯养成这个主题，开展系列跨学科的主题活动，由各学科教研组基于本学科中学生学习习惯问题及治理提出对策和建议开展的活动，然后进行学科间协调，构建系列相互补充的、指向学生学习习惯养成的主题活动。

然后，在跨学科主题的实施环节中，应多采用实践或活动的方式，让学生在"做中学"。比如前述将物理学问题转化为向量问题的教学中，教师就可以为学生提供诸如"有一位年轻父亲将不会走路的小孩儿的两只胳膊悬空拎起，结果造成小孩儿的胳膊受伤，你能结合物理学和数学知识解释该现象吗？"的问题场景或提

供一些模拟设备等让学生在真实或接近真实的情况下,通过将所学理论知识运用于真实问题的解决中进行知识的整合(见表 5-2)。

表 5-2　向量在物理中的应用

跨学科主题	向量在物理中的应用
跨学科主题涉及的学科及内容	人教版 A 版数学必修四第二章《平面向量》与人教版 A 版物理必修一第三章第四节《力的合成》《力的分解》和必修二第七章第二节《功》整合。
涉及的主要知识点	1. 力、速度、加速度、位移都是向量; 2. 力、速度、加速度、位移的合成与分解就是向量的加减法运动的叠加,同时还涉及向量的合成; 3. 动量 m 是数乘向量; 4. 功即力 f 与产生位移 x 的内积。
实施步骤	问题导入:成年人在与孩子玩耍时,喜欢拎起孩子的两只胳膊,让孩子悬空。虽然很多孩子喜欢这种玩耍方式,但成年人要注意,将小孩的两只胳膊悬空拎起时,用力不当容易造成孩子胳膊脱臼受伤。你能结合物理学和数学知识分析造成胳膊受伤的原因吗? (图片来源:视觉中国) 解决过程:将物理问题转化为以向量为主题的数学问题,通过数学问题的求解去解释物理问题。具体过程中重点让学生围绕如下两个数学问题展开讨论: 问题一:记小孩儿的手臂与水平面的夹角为 θ,当 θ 为何值时,$\|F\|=\|N\|$? 问题二:若小孩手臂最大承受的拉力为 $\|F\|=70\,\mathrm{N}$,小孩儿的重量 $\|G\|=98\,\mathrm{N}$,那么 θ 在什么范围内,小孩儿不会受伤?

最后，学校应该基于跨学科主题的实施效果不断调整其整合内容、方式与实施等，以形成动态调整的改进机制，不断完善跨学科主题的设计与实施。

二、活动交互式跨学科主题教学的实施

我国活动课程的实践推进主要源于新中国成立后课外活动的成功经验及对世界活动课程发展大趋势的积极响应。自新中国建立之初，我国就明确将课外活动作为学校教育的重要组成部分，并从政策上规定了课外活动的教育价值、实践样态和时间要求等。比如1955年9月教育部颁布《关于小学课外活动的规定》就将课外活动视为一项重要的育人方式，并把校会、班会、少先队活动、生产劳动等列入课外活动，规定每周120—140分钟的课外活动时间[①]。历经数十年课外活动的实践，我国积累了丰富的开展课外活动的成功经验，成为提升学生综合素质的重要方式，获得了教育领域和社会各界的普遍认可，为构建独立设置的活动课程奠定了经验基础。

20世纪80年代，为满足21世纪国家和社会发展对人才素质的新要求，发达国家开启了迎接新世纪来临的大规模教育改革运动。其中一个突出特征是扩展学校课程的范围，在系统的书本知识学习之外，日益强调系统组织的活动和实践的重要性，不仅压缩学科课程的占比，为课外活动提供充裕的时间，还专门开设了一系列活动课程，比如法国的研究性学习课程、美国的自主研究课程、加拿大的项目课程、日本的综合学习时间课程等[②]。在对实践推行进行反思的基础上，有关活动课程的相关理论也日益增多，并逐渐传入我国，为我国设置活动课程提供了理论启示与实践借鉴。

20世纪90年代，随着我国综合育人、素质教育等育人理念和教育理论的提出

[①] 课程教材研究所.20世纪中国中小学课程标准·教学大纲汇编：课程（教学）计划卷[M].北京：人民教育出版社，1999：236.

[②] 田慧生.综合实践活动的性质、特点与课程定位[J].人民教育，2001(10)：34-36.

与推行,活动课程被视为能够有效撬动课程结构、改进教学方式,进而实现学生综合素质全面提升的重要途径和方式[①]。于是,将课外活动规范化为独立形态的活动课程便走入政策制定者的视野。在总结我国课外活动实践经验和积极借鉴发达国家课程改革经验与理论思考的基础上,我国于20世纪90年代初期明确了活动课程与学科课程并列设置的定位,并在1995年颁布的《九年义务教育活动课程指导纲要(试行)》中从概念、性质、地位、作用、目标、内容、形式、评价等维度对活动课程及其开展进行了详细的规定[②]。由此,活动课程被正式列入我国课程体系,成为与学科课程并列的两大课程类型之一,并有了独属于自己的课时[③]。不过,其内容主要是原来课外活动的课程化,比如校内广播、校刊、报刊、参观访问、社会调查、民族传统节日、种植饲养、环境保护、雕刻、工艺制作、广播操、远足等科技文体活动,以及晨会、夕会、班团体活动等,内容较杂,体系性和综合性不足。

2001年,《基础教育课程改革纲要(试行)》规定小学3年级至高中增设"综合实践活动"。可以说,综合实践活动的开设是活动课程发展的一个重要里程碑,这是因为在综合实践活动设置之前,活动课程虽然已经被定性为课程,但在实践中主要是指称学校自主组织的各类活动,在教育实践中其课程地位和性质并未得到广泛认可。而综合实践活动则是国家规定的所有学校必须开设的国家课程,每个学校必须按照要求将综合实践活动纳入课程表、配备师资并开展系统的教学活动,且其具有研究性学习、社区服务与社会实践、劳动与技术教育、信息技术等四

---

① 王飞."五育融合"视域下综合实践活动课程的整体设计——基于《义务教育课程方案和课程标准(2022年版)》的视角[J].当代教育与文化,2022(5):35-42.
② 潘洪建.我国活动课程发展70年[J].课程·教材·教法,2019(6):31-38.
③ 1992年国家教委颁布的《九年义务教育全日制小学、初级中学课程计划(试行)》中规定五四制全日制小学活动课程周课时为4学时,初级中学活动课程周课时为4学时;六三制全日制小学活动课程周课时为5学时,初级中学则为4学时。1994年国家教委颁布的《实行新工时制对全日制小学、初级中学课程(教学)计划进行调整的意见》规定五四制全日制小学一二年级活动课程周课时为4学时,三至五年级3学时,初一4学时,初二到初四3学时;六三制全日制小学一二年级活动课程周课时为5学时,三年级4学时,四到六年级3学时,初级中学3学时。等等。从课程安排表看,周总课时大致在27—36学时之间,所以活动课程占比约10%。

大指定领域的相对完整和独立的内容体系,这极大地提升了实践中人们对活动课程的认识与认同[1]。

十八大后,教育领域综合育人改革的步伐和力度持续增大,不断拓展活动课程的范畴以整体撬动传统课程体系,提供更多直面直接经验的机会,促进直接经验与间接经验的相对均衡,从而实现学生综合素养的全面提升。比如2016年11月,《教育部等11部门关于推进中小学研学旅行的意见》将研学旅行纳入中小学教育教学计划;2020年3月和7月《关于全面加强新时代大中小学劳动教育的意见》和《大中小学劳动教育指导纲要(试行)》的颁布则明确了劳动教育的独立课程地位;此外,随着"5+2"课后服务的推广,教学日每天至少2小时延时服务中也有不少实践类、活动类的内容[2]。从上述课程或活动的性质来看,它们都更接近于活动课程,是新时代活动课程的重要组成部分。

从当前我国中小学教育教学实践来看,遵循学科课程与活动课程两大类型课程的基本划分,以综合性(跨学科性)和实践性为基本判断标准,可以明确活动课程主要包括独立设课的综合实践活动、劳动教育等课程,校本课程和地方课程中主要以综合性知识组织并用活动方式开展的内容,以及研学旅行和校会、班会、科技活动、艺术活动等学校组织的多种系统的课外活动及课后服务中系统组织的具有综合性和实践性的活动[3]。

综合实践活动和劳动教育本就是基于活动课程理论与实践基础上构建的独立课程[4],都具有内容维度突出的综合性与方法维度显著的实践性[5],所以综合实

---

[1] 潘洪建.我国活动课程发展70年[J].课程·教材·教法,2019(6):31-38.
[2] 吴开俊,姜素珍,庾紫林.中小学生课后服务的政策设计与实践审视——基于东部十省市政策文本的分析[J].中国教育学刊,2020(3):27-31.
[3] 从1992年《九年义务教育全日制小学、初级中学课程计划(试行)》将课程类型划分为学科课程和活动课程两大类开始,我国的课程计划就遵循1992年《课程计划》将学校定期组织且有系统安排的校会、班会、科技文体活动、艺术活动等纳入活动课程。高中阶段,则自1996年《全日制普通高级中学课程计划(试验)》开始,将上述活动列入活动课程之内。
[4] 张华.论"综合实践活动"课程的本质[J].全球教育展望,2001(8):10-18.
[5] 殷世东.综合实践活动:课程抑或学习方式[J].课程·教材·教法,2019(4):116-121.

践活动和劳动教育是活动课程的重要构成部分。校本课程和地方课程设置的主要初衷是鼓励学校和地方根据实际需要,开设符合学校和地方特色的综合性和实践性为主的课程,以满足学生综合性发展与多样化需求,其性质更接近于活动课程,故可以将其纳入或部分纳入活动课程之列。实际上,从国家课程方案中将综合实践活动与地方课程和校本课程统一规定课时占比的做法也可以看出它们性质的相似性,各地方有关地方课程和校本课程的文件更是明确规定了地方课程和校本课程的活动课程性质,比如《山东省义务教育地方课程和学校课程实施纲要》就明确地方课程和校本课程是基于学生的直接体验,密切联系学生自身生活和社会生活,体现对知识的综合运用的课程[①],非常明确地体现了活动课程的综合性和实践性本质。

因为活动课程本就源自对课外活动的课程化、系统化,所以将当前中小学中由学校组织的系列化、教育性活动列入活动课程范畴,与独立设课的各类活动课程综合设计与实施既符合活动课程产生的历史背景和本性,也是更好发挥学校各类活动综合育人功能的必然要求。因此研学旅行及学校系统组织的各项活动也应该被纳入活动课程范畴进行统一规划。在全国范围内推行的"5+2"课后服务的相关规定中明确不能将课后服务变成学科课程的讲授,而应主要是学生综合素质的拓展。所以,从其性质上看,课后服务中那些以提升学生综合素质为主要目标,且以活动形式组织与实施的主题也应该隶属于活动课程。

历经半个多世纪的发展,我国中小学活动课程的范畴、内容和形式等都日益丰富,其意义和价值也日渐获得认可,不过它对教育实践的推动和促进作用依然与预期的目标不甚相符。究其根源在于学校对活动课程缺乏整体规划与设计,导致各类活动课程彼此割裂、缺乏联系,存在交叉重复、简单低效等问题,影响了活

---

① 山东省教育厅.山东省义务教育地方课程和学校课程实施纲要[EB/OL].(2006-09-01)[2024-02-23]. http://edu.shandong.gov.cn/art/2006/9/1/art_107055_7733928.html.

动课程功能的有效发挥①。尤其是在国家日益重视活动课程,不断加码活动课程的占比和类型,以及鼓励和要求学校要进行跨学科主题教学的背景下,更应该对活动课程进行系统化、整体性的设计与实施,以便更充分发挥其综合育人的重要功能。

首先,活动课程间的整合需要整体设计,以规划完善活动课程的总体结构。活动课程一般没有国家或区域统一的教材,课程指导纲要等文件又以指导性和规范性为主,内容翔实度一般远低于学科课程标准。因此,各门活动课程内容的开发责任就主要落在学校和教师身上。这为学校整体规划与开发活动课程提供了条件,有助于活动课程的整体建设,发挥各类活动课程综合育人的效力。但由于对活动课程整体建设的重视程度不足,综合设计与实施的能力有限,以及受分科主义理念的影响较深等原因,学校在组织与开设活动课程时仍按照分科的原则,严格划分不同活动课程的师资、课时、内容、资源等,造成各活动课程边界明显、缺乏整合。这不仅与国家在制定综合实践活动、劳动教育、研学旅行、课外活动以及地方课程和校本课程等活动类课程的指导纲要或相关文件时,鼓励各类活动课程要整体设计与综合实施,以避免相互割裂的政策相违背②,更导致各活动课程孤立发展,难以形成完整系统的活动课程学习链条,学生通过活动课程学到的主要是浅显、零散的直接经验,无法充分实现活动课程增进学生反思性实践及基于反思性实践对世界、生活和生存的整体意义的认识、把握与建构,也无法为学生学习间接知识提供"消化酶",将其与个人生活、社会生产等相联系的"活化"作用③。因此,既然导致当前活动课程零散、割裂、综合育人效果不彰等问题的根本原因是缺乏整体规划,其根本解决策略就应该是着力提升学校活动课程的系统设计,唯有此才能从根本上解决困扰活动课程实施效果不佳的问题。

---

① 王飞. 综合育人视域下活动课程的整体设计与系统实施[J]. 教育导刊,2022(7):55-63.
② 杨清. 论学校课程建设中的"减法"思维[J]. 教育理论与实践,2018(16):52-56.
③ 陈佑清. 不同素质发展中的直接经验与间接经验的关系[J]. 上海教育科研,2002(11):26-29.

课程结构是课程的命脉，直接决定着课程育人功能的实现程度和效果。对活动课程而言，其重点不在于帮助学生掌握多少事实或知识，而是为学生提供参与世界、改造世界的机会，并由此形成全面把握世界和自我的关键能力。因此活动课程结构的设计应避免线性的、封闭的、知识点掌握为主的模式，而应选择多元、开放、有助于促进学生探究和创新能力培养的模式。

日本教育家佐藤学(Manabu Sato)依据课程内容的组织方式将课程结构分为"阶梯型课程"和"登山型课程"两大类型①（见表5-3）。阶梯型课程强调知识是客观的，课程最主要的目标是高效且精确地传递人类所积累的客观文化知识，判断课程结构优劣的唯一标准是效率。为了提高效率课程编制应重点明确每个时间节点学生需要学习的知识内容及其掌握程度。所以，阶梯型课程不仅目标是既定且一元的，而且整个实施过程也是预先确定且不变的，所有儿童，无论其学习起点、学习风格、兴趣爱好等是否有别，其学习程序、模式、方法等却必须是一致的，那些未能达到预期目标的儿童即被认为是学业失败者。登山型课程则认为知识是学习者与内容和环境交互作用的结果，它不是预定的，而是生成的。课程编制的核心目的不在于明确学生应该掌握的客观知识的内容及数量，而在于为学生提供有助于充分调动其探索精神、知识创新能力的主题。这些主题就像一座座大山一样，成功登顶固然重要，但更重要的是学生在登顶过程中学会了如何爬山，以及在攀爬过程中体会到了登山的乐趣和意义。因此方向虽然明确即爬山，但价值却在于找寻到适合自己的攀登方式及在攀登过程中开阔视野、获得有意义的体验和成长。从主要作为直接经验的本质属性角度看，活动课程应该直面直接经验，主要在活动中而非知识识记中增加实践感，以及感悟、体验、反思事物的能力，并在实践中发挥直接经验"活化"间接经验的作用，从而实现直接经验与间接经验融通，促进体脑结合，实现人的全面发展的功能。所以，登山型模式显然更适切于活动课程的本质要求和属性特征。

---

① ［日］佐藤学.学习的快乐——走向对话[M].钟启泉，译.北京：教育科学出版社，2004：120.

表 5-3 佐藤学课程编制的两种类型

特点＼类型	阶梯型课程	登山型课程
目标	识记书本知识	解决现实问题
课程	知识点排列	相互关联的主题序列
教学	讲授为主	探究教学
结果	既定	生成
地位	教为中心	学为中心

登山型课程编制的核心工作是确定要攀爬的"山脉",即学生所要完成的一系列活动"主题链",就像山脉是由连接在一起的诸多山峰串联而成一样,活动课程的主题链也是由诸多相互关联的主题组成的。不过,与组成山脉的相邻山之间一般都相互连接在一起有所不同,主题链中的相邻主题从形式上并不一定要完全连接在一起,即相邻主题之间不一定非要有相同或相似的内容将其联系起来,还可以是相邻主题具备前后相倚关系,即前一个主题的学习能够为后一个主题的学习奠定基础,或者后一个主题的学习能够深化前一个主题的学习等。所以,主题链在外形上更像珍珠项链,珍珠即主题,各珍珠并不连接在一起,而是依靠一条线将它们串联起来,这条线就类似于串联起各课程主题的主题线。有时主题线或主题线的某部分是相邻课程主题相同、相近或相关的内容,有时是相近或相似的能力,还有时是功能上的前后相继等等。因此,确定活动课程主题链就既需要明确各构成主题,也需要明确串联起各主题的主题线。

由于主题和主题线确定的先后顺序的差别,就形成了两种不同的建构主题链的方式。第一种是先确定活动课程所要学习的主题,再寻找联结主题的主题线;第二种是先确定主题线,再寻找主题并将主题放置于主题线的适当位置。第一种模式的具体实施程序可以借鉴苏珊·德雷克(Susan Drake)和丽贝卡·伯恩斯(Rebecca Burns)基于课程指导纲要或课程标准的实施模式,其大致步骤是:第一步,先对各活动课程的官方指导文件进行校本解读,在解读过程中活动课程任课教师是主力,也可以邀请相关领域的专家进行指导。若有比较权威的活动课程教材或实施效果良好的校本教案等,则可以将其与官方文件一起分析。并基于分析,得出本校所有活动课程要达到的目标及目标对应的内容。第二步,再形成由各类活动课程为 x 坐标、年级为 y 坐标、目标为 z 坐标的三维坐标轴,然后沿着年级坐标,将相同年级不同活动课程相同或相近的目标串联成一条线,每条串联而成的线即代表各门活动课程中目标相同、相近或相似的可以整合在一起的目标,实现目标的内容则是需要进行整合进而形成主题的对象。此步骤也可以将各活动课程的目标按照知、行、为进行拆分,并将各活动课程的所有知、行、为目标进行编码,再将相同或相关的目标进行整合,继而将实现目标的相关内容整合为主题。第三步,依据各主题掌握的难易程度、前后相继关系等进行串联,形成联结主题的主题线①。

第二种模式的具体落实主要有两种可行的方式。一种是基于杜威有关儿童的四种本能(见表5-4)②,即社会性本能、建造性本能、探究性本能和表达性本能设置四条各有侧重的主题线,围绕儿童的四种本能,将现有官方文件、权威教材或成效良好的校本教案等需要掌握与学习的内容分别置于四种活动的主题线中,若同一内容同时涉及多项本能,则将其归入主要涉及的本能主题线中。然后将同一主题线中相关的内容进行整合。另一种则是基于人与自我、人与社会、人与自然三条主题线,将现有官方文件、权威教材或成效显著的校本教案等内容分别置入三条主题线中,然后将同一主题线中相关的内容整合。

---

① Drake S., Burns R. Meeting Standards Through Integrated Curriculum [M]. Alexandria: Association for Supervision and Curriculum Development, 2004:33-98.
② [美]杜威.学校与社会·明日之学校[M].赵祥麟,任钟印,吴志宏,译.北京:人民教育出版社,2004:47.

表 5-4 杜威有关儿童的四种本能

社会性本能	儿童天生具有的与他人建立关系的倾向
建造性本能	儿童天生具有的创意物化的倾向
探究性本能	儿童天生具有的探索发现的倾向
表达性本能	儿童天生具有的自我表达的倾向

经过登山型课程模式的建构后,所有课程内容均有所隶属的课程主题,所有课程主题均有主题线进行串联,由此学校各类活动课程不再处于相互孤立、彼此割裂的分散状态,而是形成了一个目标统一、主题关联的统整课程或统整课程群。

其次,活动课程间的整合必须面向深度直接经验,以确保活动课程融合的效力。与学科课程以获得间接经验为主不同,活动课程则主要以获取直接经验为主。直接经验是伴随行为主体的参与而获得的知识积累,即直接经验是学习者直面现实问题或情境,通过亲身探索、发现、实验、操作等形式,改造、运用、体验真实事物的过程中所形成的知识。根据直接经验学习中学生参与程度和思考深度的差异,可将其划分为深度直接经验和浅显直接经验[1]。前者来自于学生对真实生产生活实践的深度参与和改造,是基于学生深刻思考、透彻体验基础上形成的;而当学生未能深度体验和深入思考时,其在实践活动中掌握的往往只是一些浅表化的知识碎片或零碎的感悟,获得的则是浅显直接经验。浅显直接经验难以触动学生的深度思考与体悟,对学生认知结构和情感系统的扰动与扩展作用有限,甚至可能因参与活动的浅表化而形成一些错误观念,反而对深度学习形成了阻碍。在深度直接经验的形成过程中,学习者始终处于主动参与和积极改造事物或对象的实践状态,并根据对外物的改造情况及对整体情境的全面把握进行实践中的反思,以指导后续实践向着更合理的方向发展。在该过程中,学习者以解决具体情

---

[1] 朱新卓,张聪.谁从脱离直接经验的"教育病"中受益——基于经验结构与学校文化符应的视角[J].华中师范大学学报(人文社会科学版),2020(4):165-172.

境中的问题为中心,综合调动和运用各科目知识,实现了基于问题解决的各科目知识的深度整合,有效促进了"五育"的融合。因此,跨活动课程间主题设置的主要目标和依据是促进学生深度直接经验的拓展与深化。

深度直接经验以"深度"和"广度"为核心特征,"深度"要求整合主题必须要具有显著的范例价值,即整合主题不是孤立的知识体系,而是代表着一类相关的主题,通过深度学习该主题,学习者能够将学习结果和能力迁移到该类主题的学习中;"广度"要求找到能够串联起各主题的"主题线",从而将所有主题连接在一起,形成一个完整的统一整体。忽视前者将陷入以表面相关设计活动课程主题的浅表化统整;轻视后者则易走入"只见树木不见森林"的随机化或零碎化统整。

在具体操作过程中,跨活动课程间统整主题的开发既可以着眼于目标的相近,也可以围绕内容的相关,还可以依赖于方式方法的相似。在目标相关方面,应在深入分析各活动课程相关政策文件,尤其是课程标准基础上,将目标相近的主题或内容进行适当统整,由此确立跨活动课程主题,比如《义务教育劳动课程标准(2022年版)》将"劳动观念"列为劳动教育的四大目标之一[1],这与《中小学综合实践活动课程指导纲要》确立的综合实践活动课程"价值体认"目标中"形成积极的劳动观念和态度"[2]目标相近。可以在目标大体一致的情况下,本着整合更有利于目标实现的原则,将学校遴选的《中小学综合实践活动课程指导纲要》中"设计制作活动(劳动技术)"的部分推荐主题及学校自主开发的有关主题与劳动教育中培养学生"劳动观念"的相关内容进行融合[3]。在内容相关方面,则可以将学校综合实践活动课程主题与其他活动课程主题所涉及的内容进行对比分析,将相同或相近的内容进行整合。比如将综合实践活动课程中涉及公益劳动、志愿服务的主题

---

[1] 中华人民共和国教育部. 义务教育劳动课程标准(2022年版)[EB/OL]. (2022-03-25)[2024-02-20]. http://www.moe.gov.cn/srcsite/A26/s8001/202204/W020220420582367012450.pdf.
[2] 中华人民共和国教育部. 中小学综合实践活动课程指导纲要[EB/OL]. (2017-09-25)[2024-02-20]. http://www.moe.gov.cn/srcsite/A26/s8001/201710/t20171017_316616.html.
[3] 中华人民共和国教育部. 中小学综合实践活动课程指导纲要[EB/OL]. (2017-09-25)[2024-02-20]. http://www.moe.gov.cn/srcsite/A26/s8001/201710/t20171017_316616.html.

与助残、敬老、扶弱和服务岗等内容整合;将综合实践活动课程中陶艺创作、工具设计等内容与劳动教育的金工、木工、陶艺等相近内容进行整合等。在方式方法相关方面,基于《中小学综合实践活动课程指导纲要》给出的四大指定实施方式,即考察探究、社会服务、设计制作和职业体验以及参观、访问等非指定活动方式等与其他活动课程的相关方式进行恰当整合。方式方法维度的整合相对比较特殊,因为方式方法是服务于内容并最终指向目标的,所以不同活动课程的相同方式方法是否应该整合,既要看方式方法本身的相关性,还要看方式方法落实内容或达成目标的相关性。不过,某门活动课程的方式方法,甚至某门活动课程的某项活动本身在一定情况下都可以成为另一门活动课程的实施载体或手段。比如在不干扰预期目标实现的情况下,可以将职业参观性质的研学旅行活动作为实施综合实践活动课程"职业体验"类主题的实施方式或载体;将综合实践活动课程重要实施方式的"考察探究"作为劳动教育相关主题实施的重要方式;以课后延时服务时间为载体,组织丰富多彩的活动课程等。

再次,活动课程间的整合需要系统实施,以融会贯通活动课程的实施过程。与整体设计环节应是由所有活动课程的教师集体参与一样,课程实施环节也应该充分调动所有活动课程教师的智慧。因为整体设计环节是将学校中所有活动课程进行了整合,以保障活动课程的整体性,因此若条件允许,在实施过程中,最好不要再将整合的主题分摊到各活动课程中,而是综合实施,即根据课程方案或课程计划有关活动类课程的课时,总体确定活动课程的周课时数,尽量保证每个班级的活动类课程是由同一名活动课程教师教授。在同一个班级不同活动类课程由不同教师教授的情况下,则需要教师协商确定各类活动课程所应教授的主题,若同一主题有必要在不同活动课程教授的话,还需要任课教师明确各自教授同一主题的视角或内容差别,以避免低效重复。

在具体实施过程中,教师应该遵循课程实施的创生取向,根据所教班级学生的学习进度、学习效果及预期目标达成情况等,对活动课程主题的具体内容、开展方式、实施进度等进行不断调整。一般情况下,任课教师无须对主题进行变更,以保证各主题的连贯性、整体性。若在具体实施过程中,有主题的实施效果确实不佳,且在只调整主题下的内容无法达到理想效果,任课教师可以根据原有主题在主题链中所起的作用以及与相邻主题的关联等重新找寻更适宜的主题,且在明确新主题的过程中与其他活动课程教师进行讨论与合作,并将重新确定的新主题及新主题的实施过程、效果等以书面形式呈送给学校课程管理机构,以作为新学期或新学年修订活动课程方案时的重要参考。

虽然活动课程的实施是没有固定模式或环节的,但它要根据主题的性质、学生学习进度及效果等确定。规定一套固定的实施模式或程序既违背了活动课程的生成本性,也剥夺了师生参与课程开发与实施的权利,造成活动课程实施的机械化,降低课程实施的效果。但是,无论采取什么程序或方法,均应该遵循活动课程注重实践探究的本性,让儿童经历尽量完整的探究过程。比如教师在引导学生进行探究过程前,要对学生关于该主题的学习准备情况进行分析,可以运用学习准备卡等前测工具进行测验,以明确全班学生学习的起点,由此构成了教师面向全体学生进行指导的依据;还需要确定每个学生学习的起点,由此构成按照学习准备状态进行分组探究的根据[1]。在探究过程中,教师还需要随时留意每小组同学中学习进度较为缓慢或遇到瓶颈的同学,以进行个别化、针对性指导。从而通过集体指导、小组指导和个别指导相结合的方式,既达到预期的课程和教学目标,还充分尊重了所有学生的差异,并基于差异促进了全体学生的发展。在探究结束后,教师需要对探究的效果和整个过程进行反思,以为改善该主题的实施过程及后续主题的开展提供借鉴。

最后,活动课程间的整合需要统筹推进,以建立健全活动课程的保障机制。相较于学科课程的建设而言,活动课程的指定教材缺乏,受过专门培养的教师较少,活动开展对软硬件条件的要求较高,实施过程存在一定危险性等都决定了其建设难度更高。因此,学校课程管理机构应该将活动课程的综合发展作为其重要

---

[1] [美]汤姆林森.多元能力课堂中的差异教学[M].刘颂,译.北京:中国轻工业出版社,2003:72-77.

任务，明确主管机构或成立活动课程研究中心，也可以将原有各活动课程教研组整合为活动课程教研室或活动课程管理委员会等，其成员由全校活动课程任课教师组成，以全面负责与推进学校活动课程的整体建设。

主管机构或专门成立的活动课程管理机构负责全校活动课程的整体设计、系统规划，在对国家和地方有关活动课程的政策、文件等进行解读、分析，对学校开展的各类活动课程进行系统梳理与效果评价，以及对优秀案例分析的基础上，初步形成学校活动课程的总体实施方案。方案应该明确活动课程的总体目标及各学年、学期目标，课程主题及内容，课时安排，实施要求等内容。为了确保方案的科学性和规范性，学校还应该在方案制定过程及制定完毕后邀请相关专家对方案进行评估，并提出针对性修改意见；在方案的具体实施过程中也应该定期或不定期邀请教研员、科研院所教育研究人员等对活动课程建设进行指导。

相较于学科课程，活动课程的生成性更强。其生成性既体现在课程方案、课程主题和课程内容等的总体设计中任课教师的全员、深度参与，也体现在课程实施过程中，任课教师根据教学进展情况对课程主题和内容的修订与完善。主管机构或专门机构应该积极鼓励教师对活动课程主题和内容进行二次开发，将修订依据、方案、过程、效果等内容进行整理与分享，并于每学年或学期末进行活动课程方案、课程计划、课程主题及内容等方面的修订工作，以不断完善活动课程；还应积极收集、整理活动课程教师的优秀教学案例和鲜活经验，形成针对分学段、分专题的活动课程资源包，通过校园网、共享资源库等途径分享优质资源，并将活动课程理论与实践相关内容纳入校本培训，组织集体学习和开展教学的针对性指导，支持活动课程负责人和教师参与各级活动课程培训，促进教师的发展与成长。

在活动课程的开展过程中，还应该特别注重控制安全风险，加强活动课程安全管理，把活动安全教育与管理作为实施活动课程的必要内容，强化活动安全意识，建立健全安全教育与管理并重的安全保障体系，在学生参与活动前认真排查、清除活动中的各种隐患，在场所和设施设备选择与使用方面制定安全、科学的操作规范,并做好安全风险防控预案,完善应急与事故处理机制①。此外,学校还应该积极建立与家庭和社区的协同合作机制,尤其是发挥家庭、社区等在活动课程开设中的场地支持、资源提供、任务协同等方面的作用。

三、素养交融式跨学科主题教学的实施

学校跨学科主题教学的整体设计与实施既要注重增强直接经验间以及间接经验间的整合,还要关注直接经验与间接经验间的统整。这不仅是因为若缺少间接经验与直接经验间的统整,学校的学科课程与活动课程间就难以实现相互联系,不利于五育融合的实现,也难以达成综合育人的效果,还因为间接经验与直接经验的适当融合对促进学生对二者各自的深度学习与掌握也更为有利。在二者的融合中,直接经验可以发挥"活化"间接经验,恢复间接经验产生的土壤或背景,增强间接经验与学生生活联系的功能。间接经验可以起到为直接经验的发展提供方向,指引直接经验向着更系统化、科学化方向发展的作用。增强活动课程与学科课程的整体规划与设计,既可以将活动课程综合设计的理念和方式迁移到学科课程,提升学科课程落实"五育融合"的效力,还可以以活动课程为连接点将各学科课程相关内容进行关联与整合,实现各学科课程间的统整,增强跨学科践行"五育融合"的效果,并且活动课程与学科课程的统整,还扩展了践行"五育融合"的范畴,有助于学校"融合生态"的形成。学校在进行跨越活动课程与学科课程的整合时,应该着重从以下三点进行重点规划,以确保活动课程与学科课程统整的效力。

一是,要明确活动课程与学科课程整合的逻辑基点是直接经验与间接经验的深度融合。从本质上看,学校教育的根本问题是间接经验"如何被学生获得、占有

---

① 窦桂梅.新课改背景下课程整合的实践探索——清华大学附属小学"1+X课程"育人体系建构的案例研究[J].教育研究,2014(2):154-159.

并转而成为学生个体的内在力量和精神财富的问题"[1]。该过程有效实现的关键是将外在间接经验与学生直接经验发生关联,并以学生的直接经验为基础对间接经验进行内化和吸收。不过由于长期以来,学习者被视为被动接受知识的对象,学校教育在实际运行中成了由教师做中介,将间接经验强行灌输给儿童的强迫过程,学生的直接经验被忽视,甚至被认为是学习的阻碍,造成学校教育成了一种"苦役"。为了扭转这种状况,夸美纽斯(Johann Amos Comenius)试图寻找到一种教学的方法,以使学校因之"少些喧嚣、厌恶和无益的劳苦,多具闲暇、快乐和坚实的进步"[2],这种教学方法最典型的特征是要使教师的教导遵循严谨的自然秩序,依据自然的法则进行教学。卢梭(Jean-Jacques Rousseau)更是将儿童发展的自然规律视为圭臬,旗帜鲜明地提出"出自造物主之手的东西,都是好的"[3],并将任何违背这个规律的教学视为对人性的扭曲和戕害。夸美纽斯和卢梭提出的原则和策略虽有所差异,但都共同要求尊重儿童的直接经验,间接经验的学习只有以直接经验为基础,遵循直接经验发展的原则和路径,才能被学生内化,学习才能真正发生。但他们却走入了过度强调直接经验,忽视间接经验的另一个极端。

杜威则寻找到了联结间接经验与直接经验的纽带,提出了教育就是经验的改组与改造的思想[4]。一方面,要对代表人类文化遗产的间接经验进行改造,即"心理化",以恢复或部分恢复间接经验"被抽象出来的原来的经验"[5];另一方面,对儿童的直接经验进行引导和基于证据的检验,为"心理化"的间接经验提供鲜活的内化的土壤,从而实现了间接经验与直接经验的深度融合。杜威对经验的双向改造以实现二者融合的做法不仅在杜威实验学校取得了巨大成功,还在进步主义教育运动时期被许多学校运用与推广,并为20世纪末期欧美和日本等发达国家增设

---

[1] 郭华.带领学生进入历史:"两次倒转"教学机制的理论意义[J].北京大学教育评论,2016(2):8-26+187-188.
[2] [捷克]夸美纽斯.大教学论[M].傅任敢,译.北京:教育科学出版社,2005:序2.
[3] [法]卢梭.爱弥儿(上卷)[M].李平沤,译.北京:商务印书馆,2006:5.
[4] [美]杜威.民主主义与教育[M].王承旭,译.北京:人民教育出版社,1997:154.
[5] [美]杜威.学校与社会·明日之学校[M].赵祥麟,任钟印,吴志宏,译.北京:人民教育出版社,2004:122.

活动课程,以提升直接经验在学校教育中的地位与作用,同时借此更系统性地实现直接经验与间接经验的融合提供了借鉴和指导。我国活动课程的设置也是世界范围内发展活动课程,并以其为依托促进直接经验与间接经验深度融合大浪潮的重要组成部分。因此,活动课程与学科课程的整合应依据杜威双向联结直接经验与间接经验的基本原则,以实现直接经验与间接经验的深度融合。

二是,确立活动课程与学科课程整合的操作路径必须是二者的"双向奔赴"。直接经验与间接经验的深度融合是一个"互进互融""双向奔赴"的过程。活动课程的设置远超过增加一门课程的意义范畴,它还承载着以其实践改革为切入点和突破口,将实践改革累积的经验逐渐渗透进学科课程,从而撬动学科课程结构和教学方式的变革[1],引发整个教育领域"静悄悄的革命"[2]的使命。正因如此,学者们强调活动课程既是课程,也是学习方式。作为课程,它发挥着引领学校课程回归综合,改用主题而非知识点组织课程的模式;作为学习方式,它发挥着将研究性学习渗透进学科教学,促进学校教学方式变革的功能[3]。学科课程则可以为活动课程提供多学科知识基础,保障问题思考与解决的深度,各学科知识则在解决问题中获得了应用、延伸与拓展,并围绕问题探究实现了整合,促进了各学科知识之间的关联。

当前,基础教育各学科教学中,教师反映比较集中的一个问题是"课时少、内容多"[4]。造成该问题最根本的原因是学科课程内容设计的散点化,即学科课程内容主要以知识点方式组织和呈现,联系性和整合性不足,彼此孤立的内容既难以充分掌握,还容易遗忘,为了降低遗忘率,教师会不断加码复习和练习的次数,造成教学时间的不足。而分散设置的学科内容既割裂了知识彼此间的关联,还割裂了知识与现实生活的联系,学生在学习这些与生活脱节的知识时,要达到理解的

---

[1] 田慧生.综合实践活动的性质、特点与课程定位[J].人民教育,2001(10):34-36.
[2] [日]佐藤学.静悄悄的革命[M].李季湄,译.北京:教育科学出版社,2014:1-2.
[3] 钟启泉.综合实践活动:涵义、价值及其误区[J].教育研究,2002(6):42-48.
[4] 李祥,周芳,蔡孝露.中小学教师减负政策的价值分析:权利保障的视角[J].现代教育管理,2021(7):62-69.

层次将需要花费更多精力,这也进一步加剧了教学时间的不足。而且知识的分散化与去情境化还与学生身心发展的整体性特征及现实生活的完整性相背离,导致学生身心发展的整体性被肢解,也无助于学生认识与改造现实世界。因此,各学科课程内容设置时应充分借鉴活动课程设计的综合性和生活化特征。综合性是指借用活动课程内容主题式设计的原则和方式,由各学科教研组或任课教师在解读课标和教材的基础上,将分散组织的内容进行统整,使之形成有机的统一整体。生活化是指借鉴活动课程围绕真实生活和学生发展需要设置内容的原则,将知识进行"心理化"处理,即把知识与学生发展需要和社会生活相结合,并适当恢复知识产生的历史背景,以拉近知识与学生生活和心理的距离。

不仅课程内容的设计不利于学生的全面发展,课程的实施也以知识点识记为主要特征,学习成了一种"苦差事"。实际上,真正的教学并非"只是获取知识,聚集事实,将之汇集汇合;教学是把生活当作一个整体而明白其中的意义"[①]。正是在与真实生活或由真实生活抽象出的主题的接触中,在积极应对不确定和多样化的真实问题中,学生身心全面参与、积极实践、深度体验,生命的灵动与张力不断显现与扩展,这恰恰是活动课程所主要依托和采用的方法,应该被适当迁移到学科教学之中。在开展学科教学的过程中,教师要对学习的重点和难点进行深入分析,尤其是要了解学生易错的内容及其缘由,然后将解决困惑所需的知识基础以真实任务为中心整合为主题,并引导学生在解决真实任务的过程中学习与掌握知识。

活动课程面对的常常是现实的综合性问题,一般具有一定难度,若不基于学科知识进行问题的思考与解决,往往陷入肤浅化认识与常识性争论,学习难以深入。在活动课程实施中,确实存在着"去知识化"的问题。一些学校和教师为了凸显活动课程的特性,过分强调其与学科课程的差异,反对把学科课程内容放到活动课程中,造成一些活动缺少理性知识的支撑,陷入为活动而活动的浅表化实

---

① [印度]克里希那穆提.一生的学习[M].张男星,译.深圳:深圳报业集团出版社,2010:8-9.

践[1]，徒具探究的形式，却没有探究的深度，学生只是按部就班地从一个活动流程进入下一个活动流程，表面上轰轰烈烈，实则未充分触动学生的思维，难以实现增强学生探究能力、创新意识的作用[2]。因此，不仅活动课程可以为学科课程改革提供理念和方式借鉴，学科课程也可以为活动的开展提供丰富的、逻辑严密的学科知识基础。活动课程教师应鼓励学生在发现问题、分析问题和解决问题的过程中，充分运用学科知识。当然学科知识的运用要围绕问题，以能提出更深刻、真实的问题，以及更深入分析问题和更有效解决问题为根本依据，避免学科知识学习凌驾于问题解决，造成活动课程的学科化。

三是，要实现直接经验与间接经验的深度融合，跨越学科课程与活动课程的主题开发就需要同时兼顾直接经验与间接经验的特点，并保证主题活动能实现二者的相互交融。在内容的选择上，学校和教师应该基于课程方案、课程标准及教材、教案等寻找学科课程与活动课程的交叠点，比如《义务教育道德与法治课程标准（2022年版）》中有关"卫生习惯"的内容[3]，就可以与《义务教育劳动课程标准（2022年版）》中"个人物品整理与清洁"等内容进行整合[4]，将道德与法治课程中有关卫生习惯的相关知识运用到清洁与整理等劳动活动实践中，从而实现理论与实践的结合。在主题形式的确定上，虽然没有固定模式，但是要根据整合内容的性质、学生学习进度及效果等确定。规定一套固定的模式既违背了跨学科主题的生成本性，也剥夺了师生参与跨学科主题开发的权利，造成跨学科主题设计的机械化。但是，无论采取什么模式，均应保障主题的活动性、综合性特征，这些主题就像一座座大山一样，成功登顶固然重要，但更重要的是学生在登顶过程中学会了如何爬山，以及在攀爬过程中体会到了登山的乐趣和意义，因此方向虽然明确

---

[1] 钟启泉,安桂清.综合实践活动课程：实质、潜力与问题[J].北京大学教育评论,2003(3):66-69.
[2] 孙宽宁.综合实践活动的价值反思与实践重构[J].课程·教材·教法,2015(5):43-48.
[3] 中华人民共和国教育部.义务教育道德与法治课程标准(2022年版)[EB/OL].(2022-03-25)[2024-02-20]. http://www.moe.gov.cn/srcsite/A26/s8001/202204/W020220420582343475848.pdf.
[4] 中华人民共和国教育部.义务教育劳动课程标准(2022年版)[EB/OL].(2022-03-25)[2022-05-20]. http://www.moe.gov.cn/srcsite/A26/s8001/202204/W020220420582367012450.pdf.

即爬山，但价值却在于找寻到适合自己的攀登方式及在攀登过程中开阔视野、获得有意义的体验和成长。在主题的实施方面，要让儿童历经发现疑难、凝练问题、寻找方法、试验尝试、反复验证、得出结论、结论发布等环节。当然每个主题实施的起始环节可以有别，甚至可以跳过某些环节，比如有的主题本身就是一个问题，学生只需要从寻找解决问题的方法开始，而无需再去重新发现问题，而有的主题则可能先有正反甚至多重争议，学生开展研究的起点是先分析各方争议的论据，再去证实或证伪其结论等等。

总之，为了提升跨学科主题的实施效果，增强课程的综合育人效力，学校应该进行跨学科主题的顶层规划与系统设计。在大方向上，可以从学科课程间、活动课程间、学科课程与活动课程间确立跨学科主题，但这并不是说三个方面是相互割裂的，而是应整体把握三者之间的关联，以实现学校所有课程间跨学科主题的整体建设，全面落实"五育融合"，深度推进学生的全面发展。

第六章 跨学科主题教学的保障

学校作为开展跨学科主题教学的实施主体,应该基于"新课程方案"和"新课标"的指示,在符合校情学情的基础上,通过构建协同共建的政策机制、价值共创的双重驱动机制、正和博弈的资源配置机制和素养导向的评价反馈机制等为跨学科主题教学在学校中的常态化实施提供坚实的保障体系。

一、交互逻辑中的协同共建机制

当前,跨学科主题教学的国家制度设计和行动方案已经通过"新课程方案"和"新课标"得以明确,教育部也通过政策文件解读、新闻发布会等多种方式从国家层面进行了宏观指导和方向引领。各省级教育行政管理部门以及市县教育管理部门等也正积极根据国家对跨学科主题教学的相关要求对跨学科主题教学在地方的落实提供相应的补充政策和细化措施。各级教育主管部门对跨学科主题教学的政策设计为学校科学开展跨学科主题教学提供了宏观引领,保障了学校跨学科主题教学实施方向的正确性。学校应该积极响应各级教育主管部门有关跨学科主题教学的相关规定和政策要求,在充分掌握校情、学情的基础上,对学校的跨学科主题教学进行系统规划与顶层设计,以及层级化的推进和落实机制,从而保障学校层面跨学科主题教学政策的系统性与协调性,且充分符合校情学情和师生意愿,能够通过系统化的跨学科主题教学实施切实提升师生素质及其成就感和幸福感。

要实现上述目的,首先就需要深入了解当前制约学校系统开展跨学科主题教学的阻滞因素。从当前制约学校系统实施跨学科主题教学的原因来看,制约学校跨学科主题教学系统推进的主要障碍包括观念困境、领导困境和实施困境三个方面,三个方面彼此交织,限制了学校跨学科主题教学顶层设计的科学性与合理性[①]。

在观念困境层面,阻碍学校跨学科主题教学政策体系完善的最主要因素是学校领导层教育教学观念陈旧及缺乏对跨学科主题教学价值的深度认识。观念陈旧方面,一些学校领导层对新时代教育教学新理念的了解程度欠佳,对新时代高质量教育发展的关注度不足,对国家创新型人才培养方向方面政策的了解不够深入,对学生身心健康的重视度不够等。这突出表现在学校政策对教育教学新发展的关注度不够,依旧停留在重复性做题、一切向分数看齐等落后保障政策上[②]。跨学科主题教学在这种陈旧观念主导下的学校政策体系中是很难受到足够重视的,学校很少会花费时间和精力对其进行系统的顶层设计和科学规划。价值认识方面,一些学校对跨学科主题教学的认识存在"学科至上"和"去学科化"两种截然相反的倾向,甚至一些学校在两者中不断地摇摆。持"学科至上"的学校认为跨学科主题教学只不过是学校学科课程的"点缀",是锦上添花的事情,无须对其投入大量精力,只有在学校学科教学有余力的时候再开展跨学科主题教学,在开展跨学科主题教学时,跨学科主题教学也仅仅是为了加深学科知识的掌握程度而已[③]。持"去学科化"的学校则认为跨学科主题教学的主题应该是完全超越学科知识的,跨学科主题教学与学科教学之间的联系并不强烈。这种观点看似很重视跨学科主题教学,甚至为了避免其被学科教学的旧观点和方式所侵蚀,而凸显其特殊性,

---

① 王飞.跨学科主题教学常态化实施的学校保障制度建设[J].教学与管理,2024(19):18-21.
② 袁磊,王阳.数字教育背景下中小学跨学科教学的困境与应对[J].电化教育研究,2023(12):87-94.
③ 刘希娅.中小学跨学科学习的内涵价值、现实困境与实施策略——谢家湾学校素养导向跨学科学习实践探索[J].中国教育学刊,2023(10):58-62.

但是这种观点在学校政策中的落实程度往往仅仅停留于纸面甚至口头上。因为这种观念架空了跨学科主题教学，使之流于表面的跨越学科知识的外在形式，导致其在实际执行中处于被忽视的境地。

在领导困境层面，近年来各级教育主管部门出台了有关跨学科主题教学的系列政策和文件，并明确规定了跨学科主题教学的时间要求，新课程标准中也对各科跨越其他学科给出了一些建议，甚至是典型案例，这些都为学校系统开展跨学科主题教学提供了指引。应该说，各级教学主管部门已经确立了跨学科主题教学的地位，学校应以各级教育主管部门有关跨学科主题教学的相关规定为指导，积极发挥自身作为课程实施主体的作用，对学校跨学科主题教学进行整体规划，有效推进跨学科主题教学的高质量发展。但是，一些学校缺乏顶层的跨学科主题教学的系统设计，并未确立清晰的跨学科主题教学的校级政策体系和规章制度，没有清晰明确的课程目标和理念，跨学科主题开发与标准也不明确，跨学科实施指南和规范等也不健全，因而跨学科主题教学实践总体比较零散、随意和盲目。

在实施困境方面，当前制约学校跨学科主题教学具体实施质量不高的原因固然有跨学科主题教学是新鲜事物，缺乏丰富的实践经验的指导，以及学校、教师、学生等各相关主体可能存在从观念到行动等诸多维度的不足等，但根源上还在于学校层面系统规划与指导的不足，因为没有顶层的规划与设计、没有学校系统规范的实施路径作为根本保障，主要靠教师的自识与自觉，往往会导致实施中的零散化、片断化，且往往在遭遇实施困难后，跨学科主题教学就会被搁置或仅仅作为学科课程教学"装点"的地步。

解决学校中存在的三重困境的根本出路在于学校必须对跨学科主题教学进行顶层设计、系统实施[①]。

一是，学校必须清晰认识到顶层设计是系统组织跨学科主题教学的关键。"新课程方案"和"新课标"要求义务教育每门学科都要组织跨学科主题教学，这是

---

① 王飞.跨学科主题教学常态化实施的学校保障制度建设[J].教学与管理，2024(19)：18-21.

肯定跨学科主题教学价值的重要表现，更是将跨学科主题教学的权利与责任下放到学校的一大举措，要求学校对跨学科主题教学进行总体规划和系统部署。

新一轮课程修订对跨学科主题教学课时作出明确规定，将跨学科的实践场域聚焦到各学科，要求在各学科开足、开齐跨学科主题教学。但是，各学科内10%的跨学科主题教学不是孤立的、分散的，而是学科之间相互作用、协调共生的，需要学校基于各学科特点进行统筹规划和整体设计。如果学校不进行系统设计，就很难挖掘各学科的独特价值，发挥教育合力。从当前学校实施跨学科主题教学的情况来看，在跨学科主题教学的探索初期，一些学校移植了部分项目式教学、选修课程的设计思路，没有对各学科特点进行深入分析，缺乏对跨学科主题教学的整体安排，因而虽然也取得了一些教学成果，但是不少跨学科教学都是浮于内容表面、缺少意义联结。随着研究的不断深入，一些学校逐渐意识到顶层设计对跨学科主题教学的整体推进及效果优化的重要意义，开始对跨学科主题教学的责任主体及教研方式等作出规定，推动该校跨学科主题教学工程步入正轨。

为促进跨学科主题教学的落地生根，学校的顶层设计还有待进一步优化与完善。一方面，学校要变革传统的分科教学理念，奉行跨学科教学理念，根据文件规定做好学校层面的顶层架构，基于义务教育课程改革的要求构建具有学校特色的跨学科育人的新模式、新路径、新方式等内容，对跨学科主题教学的理念、目标、学时、场地、资源等作出系统安排。不但要推动跨学科主题教学任务的全面落实，回应"新课程方案"和"新课标"的新要求；又要基于各学科综合育人的高度，制定科学合理的跨学科教学及跨学科课程的详细规划和实践方案。在此基础上，逐渐形成地区特色、学校特色的跨学科主题教学体系，全面落实五育融合及立德树人的教育任务。如开发地方文化特色的跨学科课程，设计相应的跨学科主题教学活动实施表。另一方面，学校应具体分析不同学科在素养目标、课程内容、思维方式等方面的相似点及差异所在，因"科"制宜、因"师"制宜，制定适用于各学科的跨学科主题教学实践规划，保证其基本路径的可操作性及教学成果的可观测性。此外，学校要给予跨学科主题教学必要的支持，如制定提升教师跨学科教学素养的培训计划、安排相关的培训活动及比赛、研发《跨学科主题教学建议》等相关书籍资料、提供教学所需的一切资源等。

　　二是，学校必须明确层级化落实机制是全面推进跨学科主题教学的保障。美国学者古德莱德(John I. Goodlad)等秉持课程层级观，将课程划分为五大层级，认为课程是一个包含观念、社会、学校、教学及体验的多层次、系统化及生态化的复杂系统。在其基础之上，有研究者构筑了课程改革的"瀑布模型"，即课程改革从构想到落地的完整过程需要国家或区域、学校、学科组、教师和学生五大主体的共同作用[①]。

　　对于跨学科主题教学而言，其从20世纪末还游离于课程改革的边缘地带到现如今发展为义务教育课程修订重点任务的历程是国家层面对学校育人方式的深层反思及革新，也反映出课程研究者们就跨学科主题教学的价值意蕴达成共识，由此标志着观念层次课程的形成。为促进跨学科教学由理念到实践的落实，还需要各部门、各学校、各学科等形成层次化课程链条，进行层层监督与部署。在构想跨学科主题教学之初，国家就着手设置了相关的督导机构。如教育部2021年成立了基础教育教学指导委员会，在其下设置了囊括基础教育各学科、各类别教育等在内的28个教学指导专业委员会，其中就包括跨学科教学指导专委会[②]。在课程方案及课程标准对跨学科教学作出明确规定之后，各学校又为落实跨学科主题教学做了一系列工作。从当前学校开展跨学科主题教学的现状来看，已经有一些学校将跨学科主题教学纳入学校培养方案，有些学校还设置了专门的综合教研组等，较为重视跨学科主题教学设计，但是疏于对其实践过程的监督与指导。为了保障跨学科主题教学在各学科内落地生根和全面开展，还需进一步完善跨学科主题教学的落实系统，形成学校—学科—教师—学生的层级化落实机制。具体

[①] 杨四耕.区域课程改革的瀑布模型及其推进策略[J].课程·教材·教法,2020(8):12-18.
[②] 中华人民共和国教育部.关于公布教育部基础教育教学指导专业委员会委员名单的通知[EB/OL].(2023-03-10)[2024-03-01]. http://www.moe.gov.cn/srcsite/A06/s7053/202101/t20210126_511113.html.

来说,学校要在相关部门、社区及家长的支持下,建立跨学科主题教学的协同规划机制与督导、评价、问责机制,实现跨学科主题教学实施规划、组织、协调与管理的一体化。如成立跨学科主题教学领导小组,进行学校整体的教学部署与统筹规划,衡量试行的跨学科主题教学是否满足科学的开发和设计标准。此外,还要基于各学科属性设置相关的跨学科课程中心或跨学科教学教研组,安排各学科优秀教师合作编写不同类型、不同主题的跨学科主题教学实践手册。教师要在指导小组的带领下,基于本学科特点合理分配10%的跨学科教学时间,创建跨学科主题教学实践行动案例样本,以此打破现有的学科本位的教学机制,促进多学科知识与学生生活经验的内在联结,帮助学生开展深度的跨学科学习。

二、价值共创中的双重驱动机制

在学校进行跨学科主题教学设计与实施的整体规划基础上,各学科教师应该积极回应学校有关跨学科主题教学的总体规划,自觉融入学校跨学科主题教学的总体设计中,自觉承担自己所教学科以及自身在学校推进与落实跨学科主题教学中应该承担的责任与义务,并在学校有关提升教师跨学科教研的活动中不断提升自身的跨学科教学能力,从而形成由内而外和由外而内的双重动力机制,为学校跨学科主题教学开展提供坚实的人力支撑。

据相关调查发现,当前中小学各学科教师中普遍存在着对跨学科主题教学的认识与实施能力不足等问题[1],这突出表现在教师有关跨学科主题教学的思维困境和能力困境两个方面。

在思维困境方面,教师作为影响跨学科主题教学高质量开展的关键要素,其对跨学科主题教学的认识直接影响着跨学科主题教学目标的达成。从现实情况来看,教师对跨学科主题教学的思维困境主要包括教师对跨学科主题教学本身的

---

[1] 梁舒婷,李臣之.中小学教师跨学科教学胜任力测评与提升[J].全球教育展望,2023(8):87-99.

第六章 跨学科主题教学的保障

理解的程度不够[①],即教师在有关跨学科主题教学的本质、价值、特征,尤其是新时代跨学科主题教学与之前类似的概念,比如综合课程、STEAM、课程整合等的联系与区别,以及跨学科主题教学与学科教学的异同及其联系、跨学科主题教学与学生综合素养提升的关系、跨学科主题教学与五育融合的关联等方面的认识仍存在着比较明显的欠缺。调查发现,一些教师受"应试教育"文化的影响,认为跨学科主题教学是可有可无的,甚至将其看作干扰成绩提高的阻碍要素;一些教师认为跨学科主题教学不过是学科教学的附属品,其本身无重要价值,只是弥补学科教学缺漏的,甚至认为在学科教学时间不足的情况下,跨学科主题教学可以不开展;一些教师认为跨学科主题教学就是课程整合,只要将两个以上学科的知识进行整合,就是跨学科主题教学;一些教师认为只有物理化学生物等偏向理科的课程才适合做跨学科主题教学,而语文、历史、道德与法治等偏文的课程则不适合做跨学科主题教学等等。

在能力困境方面,可以将教师的跨学科主题教学能力划分为跨学科主题教学设计能力与跨学科主题教学实施能力。调查发现,一些教师对多学科知识结构、学科观念和学科思维等进行理解和掌握的能力很弱,仅对自己所任教的学科的相关理解和认识较好,甚至有个别教师对自身所教学科的整体建构和完整体系的认识也并不突出;一些教师虽然大体了解其他学科的知识体系,但是缺乏将其他学科知识体系中与自身所教学科知识体系相关的内容进行整合的能力,主要停留在内容直接相关、相近或相似内容的整合上,缺少从知识本质或知识与社会、学生发展、国家需要等高度和深度去串联跨学科知识的能力;一些教师仅能将跨学科知识进行简单的拼凑,很难找到合适的主题将它们进行有机统整,易出现不同学科知识简单拼盘的结果;有些教师在实施跨学科主题教学活动的过程中,忽视了真实情境的搭建与创设,造成跨学科主题教学中仍以教师讲、学生听为主,学生的积

---

① 杜文彬.教师跨学科教学能力的关键要素与结构模型建构研究——基于混合研究方法[J].全球教育展望,2023(8):70-86.

极性和兴趣没有充分调动起来；有些教师的课程领导力非常薄弱，无法适应跨学科主题教学赋予教师的对课程教材进行二次加工和开发的能力要求①。

作为跨学科主题教学变革实践的主体，教师跨学科主题教学的思维认识和能力水平提升尤为关键，这就需要建构多维路径，既从教师对跨学科主题教学的内在理解出发，也从加强跨学科教研组的建设等外在角度着手，内外结合，形成双重驱动机制，提升教师跨学科主题教学的胜任力②。

一是内在动力机制的形成。增强教师跨学科教学的主体自觉，树立跨学科的教学意识及研究思维。"2022年版课程方案"仅规定了跨学科主题教学的学时占比，物理、生物、历史等学科的课程标准等也仅给出了跨学科教学主题或部分活动案例，并未对跨学科主题教学作出强制性的规定。因此，其组织及实践的自由度更高，这在一定程度上赋予教学以弹性，利于教师主动冲破学科教学的藩篱，追寻跨学科教学的动态生成，给予跨学科主题教学以成长空间。跨学科主题教学突破了传统的单学科教学模式，鼓励教师基于跨学科的逻辑基点，根据自身对跨学科教学的理解、本学科特点、学生个性特征及发展规律等自主研发与设计课程、选择教学资源和教学方式，对知识的论述逻辑与论证深度动态调整以满足学生个性化的学习和发展需求。在五育融合背景下，教师应具备系统思维和融合思想，树立多学科协同育人的理念，努力挖掘各学科的共通元素，提升自身对其他学科内容的感知程度。此外，在跨学科主题教学中，教师是课程创生者，需要打破分科教学下的传统思维方式，突破现有的教学空间和时间，在时间和空间维度上拓宽教学活动场域，以匹配系统、完整的教学活动链条和模块，发挥教学空间教育力，重构教师角色。

一线教师积极参与有关跨学科主题教学的研究工作是提升自身跨学科主题

---

① 朱德全,彭洪莉.教师跨学科教学素养测评模型实证研究[J].华东师范大学学报(教育科学版).2023(2)：1-13.
② 袁磊,叶薇,徐济远,陆乙丹.新课程标准下中小学教师跨学科素养的基本内涵及提升路径[J].现代教育管理,2024(1)：85-95.

教学认识与能力的关键环节。教育理论研究及其实践探索是探寻跨学科问题本质的不同理路,二者的结合是加快推进跨学科教育教学改革的必要之举。在理论研究的引领下,学校应该梳理跨学科主题教学的逻辑理路,科学规划并逐步落实其实践路径。与此同时,学校在探索跨学科主题教学过程中显露出来的问题又进一步为理论研究提供了新的视角及切入点。跨学科教学实践不仅需要高校理论研究者的专业化引航,也需要一线教师走在跨学科教学研究的前沿,成为研究型教师。作为提升基础教育质量的重要支撑,教研工作在推进课程改革、指导教学实践、促进教师发展等方面,发挥着重要作用[1],是融通研究与实践的重要方式。为推进跨学科主题教学,学校应该积极创新教研模式,在学科教研组基础上增设综合理科教研组、综合文科教研组及全学科教研组等,作为开展多学科融合教研的有力抓手,促进教师跨学科融合思维的提升。在教研团队的带领下,教师深入学习多学科知识内容,基于学科交叉点进行跨学科教学研发。比如学校理科教研组的老师们可以将初中三个年级的生物、化学、物理学科的课程目标、课程内容、学业质量、实施要求等进行整合分析,发现各学科的素养目标及其具体内容主要围绕"观念、思维、探究实践、态度与责任"四个维度展开,在剥离出具有学科特定属性的内容后,最终确定了"科学思维"这一共通性的概念,以此作为跨学科主题教学的中心目标。依照"科学思维"这一中心主题,各学科教师基于本学科内容择选基础概念,对比分析各基础概念的联系,筛选凝练跨学科的核心概念。此外,教师要有研究的意识,加强跨学科教学的行动研究。在日常的跨学科实践过程中,教师要拟定行动研究方案,记录跨学科教学的完整过程,分析教学推进过程中的具体问题,结合学生的学习兴趣及惯常的跨学科学习方式改革跨学科教学方式,发挥教学创造性。

二是,外在支持力量的构建。依托跨学科教研团队,构筑多元化知识结构。20世纪80年代,教育心理学家李·舒尔曼(Lee S. Shulman)提出教师教学应具

---

[1] 中华人民共和国教育部.教育部关于加强和改进新时代基础教育教研工作的意见[EB/OL].(2019-11-20)[2024-03-01]. http://www.moe.gov.cn/srcsite/A06/s3321/201911/t20191128_409950.html.

备内容知识、普通教育学知识、课程知识、学科教学知识、学习者及其特征的知识等[①]。就跨学科主题教学来说，教师不仅需要具备多学科的内容知识，也应该具备对不同学科内容进行意义统整及表征的能力。其一，提升现有教师的跨学科教学及研究能力是应对多学科素养教师缺位现象的首要之策。现有教师多是单一学科背景出身的，可以借助跨学科教学研究组织和团队、区域名师工作室、校内各学科间课题组或教研组等平台深度钻研自身学科领域之外的内容，如构建"高校学科教学论专家、区域教研室、中小学教师"一体的教研体系，发挥学科研究者的引领作用，组织一线教师开展跨学科主题教学的行动研究，着力提升教师跨学科主题教学的理论水平和实践能力。还可以借鉴美国研究机构的矩阵模式，按照学科归属划分研究和实践人员，选择不同学科中具有创新能力、合作意识的人员组建教师专业成长共同体，促进教师个体在相互激励中寻求互惠合作发展，发挥"共生效应"[②]。此外，教育行政部门、科研院所、高校、社会组织等应进一步加强合作，通过线上线下培训等方式提升各学科教师的跨学科教学素养。如2023年中小学科学类课程教师培训计划中强调，"提升科学教师、科技辅导员的校内外科学教育资源整合能力、跨学科主题学习设计能力和综合实践活动开发实施能力"[③]。其二，着眼师范生跨学科教学素养的提升，培养专业化的跨学科教师队伍。对此，政府和教育部门要出台高校跨学科人才培养体系建设的指导意见，完善师范教育的现行培养模式，鼓励各高校加强跨学科专业设置，对现行师范教育的课程作出适当调整，如增加跨学科类的选修与必修课程，完善师范生学分机制，鼓励师范生在接受高等师范教育时选修其他专业课程、辅修第二专业等，加强多学科、跨学科式融合学习，打破高等院校的专业化学习壁垒。

---

① 鲍银霞，汤志娜.学科教学知识的概念批判与发展[J].教育科学，2014(6)：39-44.
② 袁年兴.族群的共生属性及其逻辑结构：一项超越二元对立的族群人类学研究[M].北京：社会科学文献出版社，2015：235.
③ 中华人民共和国教育部.教育部办公厅、中国科学院办公厅、中国科学技术协会办公厅关于做好2023年下半年全国中小学教师科学素质提升培训工作的通知[EB/OL].(2023-07-05)[2024-03-01]. http://www.moe.gov.cn/srcsite/A10/s7034/202307/t20230718_1069580.html.

三、正和博弈中的资源配置机制

跨学科主题教学的开展还需要丰富的校内外资源的支持与保障,这是因为与学科课程的实施不同,跨学科主题教学的实施往往以项目或任务的形式展开,在教师的帮助下,学生个人或团队需要围绕真实或接近真实的问题来进行学习,这种真实或接近真实的问题的解决往往是需要一定校内外资源作为条件支撑的。

从当前保障跨学科主题教学开展所需的校内外资源来看,可以大致分为跨学科主题教学的环境资源、内容资源、空间资源和工具资源四种类型。从环境资源来看,校内环境资源是学校开展跨学科主题教学的重要氛围保障,它既包括学校文化环境和班级文化环境,也包括学校所开展的系列活动,比如专题教育活动、社团活动、传统节日活动、校园文化节、校园劳动节等活动。校园和班级文化潜移默化地影响师生的教育教学观念和行为,是重要的潜在课程。在校园文化和班级文化的创建中,若将学校顶层设计的跨学科主题教学要素进行适当融入,便可以潜移默化地影响师生有关跨学科主题教学的理解和认识。从调查学校来看,很少有学校关注到校园文化和班级文化建设对落实跨学科主题教学的影响功能。而学校开展的各种主题活动中则蕴藏着丰富的跨学科要素,也可以成为学校全面落实跨学科主题教学的重要环境保障,但调查发现,大部分学校并未充分认识到这些主题活动对落实跨学科主题教学的价值和意义。内容资源方面,跨学科主题教学的实践本性决定了其内容资源一方面要丰富、多元,另一方面要与真实的生产生活和学生兴趣相关联,这样才能充分满足学生个性化的自主学习、共享性的协同学习和情境化的探究性学习的需要。然而,调查显示,当下学校在组织开展跨学科主题教学时缺少多样性的教学内容资源供给,比如配套教材或教案、教学课件、拓展性的教学内容等。调查发现跨学科主题教学内容资源的匮乏对新手教师以及普通教师而言的影响是比较大的,因为新手教师本身就缺少教学经验,在没有丰富的跨学科主题教学内容资源的情况下，他们很难有精力去兼顾跨学科主题教学的开展，而是几乎把所有精力都用于对学科内知识的掌握、理解与讲授方面；对于普通教师而言，虽然他们较为熟悉本学科的教学内容及教学程序等，但其对其他学科知识的掌握程度不高，而且往往缺少主动变革的动力和能力，所以在跨学科主题教学内容资源匮乏时，他们往往持观望的态度，等学校或优秀教师开发资源后再进行尝试[①]。空间资源方面，跨学科主题教学的开放性、融合性等特征决定了其教学空间不应仅仅局限于课堂这一相对封闭的场域中，而应该拓展到整个校内空间，甚至是家庭空间和社会空间中，使跨学科主题教学具有全方位的育人空间，让学生能够体验到不同生活空间中知识的生产与发展过程，进而实现全空间育人生态。但是当前由于对多样化空间资源价值的认识不足，以及出于安全等考量，学校仍将跨学科主题教学活动囿于单一的课堂空间中，压缩了跨学科主题教学的活动空间，导致学生实践体验的丰富性被剥夺。工具资源方面，则突出表现为对数字化资源在跨学科主题教学开展中的运用程度不高，这既表现为数字资源的利用度不高，也表现为对人工智能、虚拟技术支持下的虚拟环境的运用程度不足，以及虚实结合情境的创设力度不够和跨学科主题资源库和平台建设亟待加强等方面。

为防止因资源匮缺所导致的跨学科主题教学难以落实或效率低下等问题的出现，应着力构建以学校为责任主体，社会、家庭等共同助力的资源共建机制。一是，作为跨学科主题教学的责任主体，学校要着力建设适宜跨学科教学生长的外部环境，为其提供物质或制度保障。如学校可以依据教师的专业素养和教学经验挑选各学科专家、学科带头人等优秀教师组建跨学科主题教学研究中心，开展专题研讨、课例研究等活动，共同研发跨学科课程、搜集教学内容资源；建立一线教师跨学科主题教学能力及成果的奖励机制，把教师积极开拓跨学科主题教学的内容资源、环境资源、工具资源、空间资源等纳入对教师的激励评价机制中；赋予教

---

① 王欢，田康.教师跨学科素养的现实问题与应然追求[J].教育理论与实践，2022(2)：39-41.

师自由安排教学时间及空间的自由度，为教师拓展教学空间资源提供灵活的机制等。二是，学校要协调校内外相关部门的关系，整合教育部门、社区、家庭等多方力量，统筹跨学科主题教学的各种校内外资源。具体来讲，地区教育主管部门应定期组织跨学科主题教学的研讨会及相关培训活动，跨地区、跨学校邀请教师分享跨学科教学的成功经验，组织各学校教师就跨学科主题教学的教材、课型、课程资源等进行交流探讨，共享学区内的教育资源、教育理念和教育方法，形成学区内教学共同体，分享各种跨学科教学资源；在此基础上选拔各学校优秀教师组建跨学科名师工作室，发挥教学名师的辐射带动作用，为学区内跨学科主题教学研究提供平台；并鼓励各校向区域内其他学校开放自身的跨学科主题教学优势资源，实现区域内学校跨学科主题教学资源的优势互补、互帮互助。各种社会组织、社区、家庭等应该全力支持学校开展跨学科主题教学工作，为其提供力所能及的帮助，比如科技馆、体育馆、博物馆、文化馆、美术馆等要为学校开展跨学科主题教学提供便利，社区和家庭在力所能及的范围内为学校开展跨学科主题教学提供必要的场地和设施设备等，政府应该通过出台各种鼓励政策号召和引领企事业单位等为学校开展跨学科主题教学提供资源支撑，并对相关企事业单位提供减免税费、给予表彰等奖励。三是，积极搭建跨学科主题教学数字化资源平台。跨学科主题教学数字化资源平台是对非数字化资源的重要补充，尤其是数字化资源能够有效地发挥虚拟现实、拓展场地等功能，契合了跨学科主题教学对环境和资源的需求，应该成为各地教育主管部门和学校推进跨学科主题教学高质量开展的重要抓手。各地教育主管部门应该积极组建跨学科主题教学网络资源库，将区域内专家学者、一线教师优秀跨学科教案等材料汇编成库，建设跨学科主题教学网络交流平台，供给区域内各学校教师使用。有条件的学校也应该积极开发跨学科主题教学资源库，将本校内教师开发的优秀跨学科主题教学案例或经验汇编等资料传到平台，供给本校教师使用。区域内各校也应该积极向其他学校开放网络资源，相互学习和借鉴。为了不断完善各种平台资源的质量，也应该积极鼓励教师对平台上的跨学科主题教学资源进行观摩、学习和点评，针对存在的疑惑进行深入思考，并提出修改意见。对于老师们提出的意见，经过认真研究后，要积极改进，保障网络资源的持续优化。教育主管部门应及时更新、维护资源库，并进行地区推广，使教师可以在线交流、探讨，减轻教师的备课负担，有效提升跨学科教和学的"质"。学校可借助信息技术、网络平台等形式将校内外空间与虚拟空间相结合，带领学生开展跨学科主题"云研学"，充分挖掘地方素材，设计基于乡土资源的跨学科主题研学[①]。此外，针对优质信息化资源短缺的现象，相关部门应积极接纳社会多方主体意见，开发并深入挖掘优质信息化资源，以丰富优质信息化资源的体量与类型，满足跨学科主题教学信息化建设的需求。为保障跨学科主题教学网络资源的常态化开展，应对信息化资源的开发进行统一管理。对于由教育主管部门管理的网络资源，教育主管部门应该委托专门机构或人员负责，保障网络平台运行的科学化、规范化，并定期组织专业人士对平台进行论证，根据论证情况进行维护与更新；对于学校管理的平台，地方教育管理部门应该定期或不定期进行检查与指导，保障其质量达标，学校也应该安排懂技术的人员进行专门维护，并组织学校各教研室主任等对其内容进行审查，提出修订意见。无论是教育管理部门设置的网络资源库还是学校设置的网络资源库，都应该形成科学的资源管理模式，明晰跨学科主题教学信息化开展所需的支持性条件、组织性条件。在满足跨学科主题教学信息化实施条件的基础上，尽可能避免信息化资源的浪费与技术设备的闲置；还应加强信息化跨学科主题教学资源供给模式的开发与创新，立足于 AI、大数据等数字化工具，对跨学科主题教学所需的参与要素、开展场域、参与主体进行智能化的数据采集，在对数据进行科学化分析的基础上积极探索构建可供跨学科主题开展的虚拟空间与教学场景，并对其实施过程进行智能化评估；还要加强资源供给模式的长效性建设。除对教育资源的开发与挖掘之外，还要根据现实需求与时势对教育资源进行动态更新与淘汰，以保证资源机制的活力与效益。

[①] 蔡慧英,李欣,孙佳悦.提升职前教师跨学科教学设计能力的课程设计及其实证研究[J].现代教育技术，2023(12):56-64.

四、稳中求进中的评价反馈机制

"新课程方案"和"新课标"充分体现了素养导向的鲜明特征，实现了核心素养的自觉转向，把原有课程标准中本来就有，但零散、孤立、隐含的对学生能力、品格、价值观的关注，凝聚起来，并增加与新时代国家、社会、教育等诸领域发展对学生的新要求相结合，并使之鲜明、突出、具体化，以核心素养的形式来表述。核心素养超越于原来三维目标之处不仅在于它将三维目标割裂的知识、技能和态度实现了整合，还在于它强调只有在真实或接近真实的情境中通过学生解决问题或完成任务，才能真正检验学生综合运用知识、技能和态度的能力与水平。这就要求素养指导下的课程、教学、评价等诸环节必须以能有效促进学生问题解决能力为准则和旨归，而不能是让学生在上述诸环节中处于被动接受的角色或位置。跨学科主题教学倡导要为学生提供真实或接近真实的问题，在解决这些问题的过程中，教师是辅助者，学生是问题解决的主体，由此学生不再是传统意义上知识的被动接受者，而是主动建构者，这与核心素养所倡导的课程综合化、教学项目化等理念是一致的。正因如此，世界各国在推进核心素养落地的过程中，都非常强调跨学科主题教学所应当承担的重要使命。比如美国的核心素养体系就强调除了通过英语、数学、科学等学科课程外，还必须依赖于诸如全球视野与思维、财经与企业家精神、环保问题等一系列跨学科主题(Interdisciplinary Themes)来提升学生的核心素养[1]。当前，义务教育"新课程方案"和"新课标"，以及高中新课程方案和课程标准已经颁布实施，且都确立了核心素养的立意，跨学科主题教学也被"新课程方案"和"新课标"明确为落实核心素养的重要载体，这为当前和今后各校落实与推进跨学科主题教学活动提供了重要指南和方向指导。它要求跨学科主题教

---

[1] Partnership for 21st Century Skills. P21 Framework Definitions [EB/OL]. (2015-05-15)[2024-02-18]. http://static.battelleforkids.org/documents/p21/P21_Framework_Definitions_New_Logo_2015_9pgs.pdf.

学必须指向核心素养的培养，对跨学科主题教学的评价自然也应该看其促进与提升学生核心素养的程度来判断与修订。

学校应该依据核心素养的要求和特点明确所有跨学科主题教学活动的核心素养目标。因为当前义务教育和高中阶段各学科核心素养已经厘定，因此在进行跨学科主题活动的确定时，一方面可以依据各学科核心素养的关联将学科核心素养比较接近的对应主题或内容进行整合，若各学科核心素养的相关本就作为寻找跨学科主题的依据的话，那么构建的跨学科主题所应实现的核心素养就比较明确[1]；另一方面也有一些跨学科主题的确立并非从各学科核心素养相关角度出发选择的，而可能是从各学科主题、内容等相近、相似或相联等的角度出发进行整合的，此时这些被整合在一起的、来自于不同学科的主题或内容其原来所对应的学科核心素养就不一定是比较接近的，就需要明确跨学科主题既要实现原有被整合内容对应的各学科核心素养，也要关注整合在一起的新主题可能在学生整体思维、创造力等维度的功能，这些应该也被纳入新确立主题所应达成的素养目标体系中。学校在厘定各跨学科主题所对应或实现的核心素养目标时，就需要从上述两个维度进行思考。尤其是对于第二种方式而言，更需要学校各学科骨干教师，甚至全体教师通过集思广益来达成集体共识。

但是，仅仅达到上述要求，往往依旧没有达到最理想的跨学科主题教学目标体系构建的理想样态。这是因为跨学科主题教学是超越于单学科的，且其整合后的新主题要达成以及可以达成的目标也往往是远超被整合主题或内容所原有对应的核心素养或目标。当前，一些西方国家在实施跨学科主题教学时，为了保障跨学科主题教学的科学化，往往会从核心素养确立的两个重要方向，即健全的人生和成功的生活两个维度去思考跨学科主题所应承担的目标体系。因此，学校在研制跨学科核心素养时，可以借鉴西方国家的做法，即在制定跨学科核心素养时，不只是从跨学科主题所整合各学科对应内容所承担的学科核心素养角度去推演，

---

[1] 张春雷. 跨学科学习评价：价值定位、过程方法及模型应用[J]. 中国考试，2023(4)：42-49.

也要回归核心素养改革的主要诉求,从满足"成功生活"和"健全社会"两个维度深度思考跨学科主题在上述两个方面能够起到的关键作用,并参考核心素养既强调工具价值,也注重本体价值的精神,以及从人与自我、人与社会、人与自然的广泛维度思考问题的完整思维,以构建既符合跨学科主题教学性质,也符合核心素养改革要求的跨学科主题教学的核心素养体系。在具体操作过程中,需要跨学科教师组凝心聚力,参照"新课程方案"和"新课标",以及中国学生发展核心素养体系等,通过集体审议确定。比如初中地理学科要求掌握降水、河流、水旱灾害、水资源状况;生物学科要求掌握生物圈水循环和植物对水循环的作用;化学学科要求掌握水资源状况和水的净化原理。这些知识之间具有紧密联系,例如,植物涵养水源等作用可以缓解水旱灾害,这是生物与地理学科相关联的内容,化学学科和地理学科都要求掌握水资源状况等。通过分析,教师组确立了"水旱灾害"和"水资源"两个跨学科主题,在确立这两个主题所对应的核心素养目标时,教师组既充分将"水旱灾害"和"水资源"两个跨学科主题所包含的地理、生物和化学内容所对应的学科核心素养纳入其中,并进行适当融合,也从"水旱灾害"和"水资源"两个跨学科主题对于"成功生活"和"健全社会"两个维度的功能维度进行核心素养的拓展,尤其增加了两个主题对于提升学生责任态度和综合性思维方面素养的要求。当确立跨学科主题要实现的核心素养后,则需要对核心素养进一步细化,生成各跨学科主题所对应的教学目标,需要注意的是教学目标的陈述是需要将学生作为主语的,且需要明确学生在什么情境中需要完成的任务的具体情况。比如在"水资源"的跨学科主题中,需要对责任态度核心素养进行拆分,形成若干条教学目标,其中一条教学目标是学生通过拜访当地净水处理厂,在与工厂负责人和工人的对话中,感受他们工作的价值,并能够在日常生活中形成节约用水的良好习惯。

一旦跨学科主题所对应的目标体系形成后,学校所开展的所有跨学科主题教学活动就有了根本依据和评判标准。学校在评价跨学科主题教学效果、教师跨学科教学质量、学生跨学科学习能力等方面便有了根本依据和指导标准。在具体运用跨学科主题目标体系的过程中,也即具体评价环节中,还需要特别注意以下几个问题:一是注意目标体系的预设与生成问题。虽然经过学校对跨学科主题目标体系的科学规划与设计,保障了跨学科主题目标体系的科学性,但是目标体系不应该是完全既定不可修改的,而应该是在学校和教师具体开展跨学科主题教学实践过程中[①],依据跨学科主题教学的实际效果进行不断调整。各任课教师应该将实践中不合时宜的部分及时反馈给教研室或教研组,由各教研室或教研组进行集体协商,确定修改后的目标体系,由此保障跨学科主题目标体系持续获得改进。二是注意评价与反馈的关系。跨学科主题教学的评价主要不是对教师或学生的评定,而是为了帮助教师或学生完善自己的教学或学习,所以跨学科主题教学各环节中,无论是学校对师生的评价,还是教师对学生的评价等,都需要从单纯的"评级评分"转向"促教促学"[②]。三是"教—学—评"一致性和一体化。完整清晰的跨学科主题核心素养目标体系为实现跨学科主题教学的"教—学—评"一致性和一体化奠定了坚实的基础,保障了教、学、评均指向核心素养的达成,促进教师的教、学生的学,以及教学评价都聚焦于学生对真实或接近真实情境中问题的解决来开展,由此保障了教师教、学生学,以及各种评价都指向学生核心素养的提升,使得跨学科主题教学中教学、学习和评价不再是相互割裂的存在,而是三者紧密交织在一起,相互影响、相互支撑,构成了一个完整的统一整体,保障了跨学科主题教学的高质量开展与推进。

---

① 李俊堂,钱玮.跨学科主题学习的评价设计要点[J].中小学管理,2023(5):24-27.
② 蔡阳合.基于小学语文核心素养的跨学科学习评价体系探究[J].中国教育学刊.2023(S1):74-76.

第七章　跨学科主题教学的案例

　　X校是一所公办九年一贯制义务教育学校,其创建于21世纪初,坚持促进学生素养发展及生命成长的教育理念,是一所年轻且充满活力的学校。X校由A高校基础教育集团进行一体化管理。集团有极其丰富的跨学科教学基础,其领导者还被教育部任命为基础教育教学指导委员会跨学科专委会委员,是跨学科主题教学的研究者与实践者。因而,X校具有先进的教育理念及丰富且优质的教育资源,在学生生源、教学质量等方面位居所在地市的前列。该校注重小学和初中两个阶段的有机衔接,以学生的综合、全面、个性发展为旨归,不断丰富各学段课程体系,构建了囊括"分科课程、综合课程、个性化课程"三大课程群的九年一贯制课程体系,其中综合课程集群就包含近百个由学校自主研发的素养类课程,是跨学科教学的主要实践场域。就X校而言,其小学和初中两个教学部门均已进行过较为成功的跨学科主题教学尝试,具有丰富的跨学科教学经验。

一、X校开展跨学科主题教学的原因

　　基础教育课程改革有关课程综合化政策的指导,学校优质的跨学科师资及家长资源,以及学校自身的变革需求等,促动X校开启了跨学科主题教学的探索之路。

（一）基础教育课程改革的推动

> 研究者：咱们学校是从什么时候开始推行跨学科教学的？
>
> Z校长：跨学科教学在我们学校并不是一个新事物，我们从建校开始就一直在做跨学科，最初是因为01年课改要求加强中小学的课程综合，当时课程标准也规定了，那时候不叫跨学科主题教学，而是学科综合、综合学习，后来还有STEM、STEAM，都是要一个学科与其他学科相融合，只不过还没有像现在一样规定必须要做多少课时。
>
> 据Z校长所述，该校一直以来都有在开展跨学科主题教学，其最初也是为了遵循建校时期课程标准的要求。如《全日制义务教育语文课程标准（实验稿）》将"综合性学习"作为语文课程的五大课程板块之一，要求该板块内容与其他课程相结合，开展跨领域的学习。
>
> "我们语文确实一直在搞跨学科教学，一开始也是延续了综合性学习的一些做法，现在的跨度更大了点。"（小学语文W老师）

总体而言，素质教育背景下的基础教育课程改革拉开了X校跨学科教学改革的帷幕，2022年"新课程方案"和"新课标"对跨学科主题教学的新提法和新理念等又进一步推动了该校跨学科教学的纵深发展。

（二）优质跨学科师资及家长资源的助力

X校虽是一所公办学校，但在区政府与A高校的支持下，其同时也受A高校基础教育集团的统一管理，实现了集团学校之间的优质教育资源共享、教育教学研究的一体化。在集团化办学模式下，X校依托A高校优势平台，汲取了丰富的教育资源，其中不仅包括优质的学术资源和教师资源，还吸引了很多具备先进教育理念的家长资源。一方面,作为新培养的年轻学校,A高校基础教育集团分派给X校一大批优秀教师。

"我是从咱学校建校开始就来这里了,是集团(A高校基础教育集团)那边分过来的,当时很多教师被安排到了各个分校,可能也是选了一些比较有想法和能力的吧……我记得我当时还很年轻嘛,入职后参加的比赛挺多的,也拿了一些奖。"(小学语文W老师)

"我之前是在A高校附中当了好几年老师,对了,Z校长也是,都是经过集团那边选拔后安排到这边的。"(初中英语D老师)

X校目前比较有经验及资历的教师大多是从A高校基础教育集团调过来的,都具备丰富的教育教学经验,也为该校带来了集团各分校的改革理念和优秀做法。因为在X校建校之前,集团各学校就已经开始推行综合教学,形成了一些优秀案例,具备丰富的跨学科实践基础。在理念转型及优质师资的加持下,跨学科主题教学顺利地扎根于X校。此外,Z校长是S省一所高校的硕士生导师、齐鲁名校长和特级教师,在担任X校校长之前曾任A高校附属中学的教务主任一职,深耕基础教育教学领域多年。Z校长是具备新式教育理念且乐于尝试创新的领导者,具备对基础教育课程与教学研究及改革的敏锐度,在教育理想的支撑下,能够引领X校直面改革的最深处。在其带领下,X校不断推进教学改革创新,从最初的综合性学习、综合实践活动到现阶段的项目式教学、STEM/STEAM、跨学科主题教学探索,一直走在基础教育改革的前沿。

另一方面,该校的学生家长多是A高校及附近高校的教职工,学历层次较高,具备新式的教育理念,比较支持学校的跨学科教学改革。据Z校长所述:"有些家长也是奔着集团学校(而来),也放心地把孩子交给我们……家校关系很密切。"有家长也会通过家长委员会、家长学校等向学校表达提升孩子综合素养、促进全面发展等方面的诉求。

（三）学校文化变革的驱动

在推进教育现代化发展的重要时期，社会对创新型、综合型人才的需求深刻影响着学校的培养目标及育人方式。构建高质量的课程与教学体系、推动文化变革是学校适应社会发展的必然之举，也是推动基础教育迈向现代化发展进程的重要一环。

为顺应现代教育的发展趋势，X校以实现人的个性发展和全面发展作为变革目标，将跨学科主题教学作为回应基础教育课程改革要求、转变育人方式和学习方式的重要支点。X校具备优质师资和先进领导者，在A高校基础教育集团的带领下明晰了教育理念及前进方向，不断探索教育综合改革和制度创新。

Z校长指出："我们是集团学校嘛，所以也会传承集团那边的一些优秀理念，这样才能形成有集团特色的品牌单位，也有利于我们新学校的成长。"该校传承并发展了A高校基础教育集团重视"学生成长和教师发展"的办学理念及从文化视角审视教育教学的指导思想，秉持"促进学生个性发展和全面发展"的教育理念，以跨学科主题教学作为加强学科之间融合、促进学生真实且连贯学习的重要突破口，重视知识的实践性及应用性，认为传授各学科的知识是教育者最基本的任务，但不是教育事业的全部，提升学生多方面的能力素养才是教师最为主要的育人工作。

在集团学校跨学科教学经验的指导下，X校聚焦"素养"变革育人方式，试行分科教学与跨学科教学相结合的教学方式，建设学校特色课程，着力培育学生的学科核心素养及跨学科核心素养。素养导向下的课程内容重构，需要以跨学科的综合概念统整和重构内容，关注学科知识技能的结构化和各学科内容的有机联系。X校变革环境、管理、学生、教师、课程等，一改传统的运行机制，以学术研究指导教学实践及总结教学经验，形成了以知识传授为起点，以问题解决为中介，以跨学科思维及能力为旨归的文化特色,着力提升学生的核心素养。

此外,在"双减"背景下,X校将跨学科主题教学视为提高课堂教学效率、促进教师专业成长的重要载体,加强对适应新时代发展的拔尖创新人才的关注。跨学科主题教学为学生提供了一个更为综合的视角,也拓展了学生的认知和理解能力,引导学生走出教室,超越学科,实现学校的文化变革。在文化变革过程中,该校还借鉴了其他地区的跨学科教学经验,构建了以核心素养为主的课程体系和教学机制。如北京地区要求中小学校各学科以某一学科内容为主或综合相关学科开展实践活动,重视发挥课程的整体育人价值①等也被学校积极吸纳与借鉴,成为学校开展跨学科教学的重要理念和实践来源之一。

二、X校跨学科主题教学的初始样态

据受访者所述,X校在建校初期也曾推崇"效率为主、成绩为王"的分科教学,将教学重点放在丰富学生的知识储备上。在这样的培养模式下,学生的确掌握了大量的知识,但忽视了知识的形成过程,也极大地缩小了知识的价值空间,导致学生在考虑问题时拘泥于单一学科,很难打破学科的束缚全面地思考问题。在整体主义思想指导下,该校开始客观审视分科教学模式的优势与不足,积极探索各学科课程的整合。

(一) 确立了整体主义的跨学科教学理念

整体主义教学强调知识的跨学科互动与课程整合,通过增进学科彼此之间的关联,促进学生身心、情感、思维的整体发展②,这也顺应了X校重视学生全面发展

---

① 北京市教育委员会.北京市教育委员会关于印发《北京市实施教育部〈义务教育课程设置实验方案〉的课程计划(修订)》的通知[EB/OL].(2015-07-01)[2024-03-01].https://jw.beijing.gov.cn/xxgk/zxxxgk/201601/t20160128_1443532.html.
② 王海青.论整体主义教学[J].全球教育展望,2019(4):34-44.

的教育理念。因此,该校重视不同学科内容及结构的内在整合,以主题、概念、问题的形式整合不同学科的相关内容,实现整体教学。

通过分析 Q 老师之前的教学设计(见表 7-1),研究者发现 Q 老师在设计生物学科中《呼吸运动》的教学时,将"借助物理学知识背景,分析解决生物问题"作为教学目标,在教学的实施过程中引入了物理实验,帮助学生理解气压与气流的关系(初中生物 Q 老师)。这显示出 Q 老师是具备跨学科教学理念的,其教学设计并不局限于生物学科的思维模式,而是跳脱生物场域,从多门学科合力解决某一综合问题的角度整体设计教学。不过,通过该教学设计也可以发现该阶段 X 校教师的跨学科主题教学设计仍然存在学科融合深度不足、教学目标的核心素养指向不够等问题。

表 7-1 《跨学科思维下的生物教学——呼吸运动》教学设计

跨学科主题	跨学科思维下的生物教学——呼吸运动
执教者	Q 老师
学时	2
涉及学科	生物、物理
学情分析	关于呼吸现象,学生比较熟,却很难具体说出其中原理。对于人体与外界的气体交换,学生的认识比较肤浅,尤其对引起呼吸运动的呼吸肌的分布和功能缺乏知识基础,理解起来比较困难。此外,七年级学生还缺乏相应的物理知识,对气体交换的原理也难以理解。使用模型、动画等帮助学生直观感触呼吸运动显得尤为重要。
教材分析	教材中有关呼吸运动的内容主要涉及呼吸运动相关的身体结构及其构造、气体交换过程等内容,其目的在于通过本部分内容的学习让学生了解呼吸运动的原理。但知识点比较琐碎,且鲜活性不足,需要对内容进行适当整合,并增加内容的情境性。

续　表

教学目标	知识维度	1. 通过两个物理实验,理解气压与气流的关系,概述呼吸运动原理; 2. 了解肋间肌、膈、胸廓、胸腔容积和肺容积等名词; 3. 通过分组探究,描述与呼吸运动有关各结构运动状态的关系。
	能力维度	1. 通过实验及探究,培养学生的观察能力与探索能力; 2. 通过提供物理学知识背景,分析解决生物问题,培养学生自学能力和知识迁移能力; 3. 通过学习呼吸运动的原理,理解心肺复苏操作步骤。
	情感维度	1. 激发学生乐于探索生命奥秘的兴趣,培养学生实事求是的科学态度; 2. 提升学生协同合作完成某项任务的意愿和态度。

教学重点	1. 与呼吸运动有关的各结构运动状态的关系; 2. 理解呼吸运动的原理是压力差。
教学难点	理解呼吸运动的原理是压力差。

教学过程	教学环节	教学内容	教师活动	学生活动
	导入新课 激发兴趣	小孩溺水视频	问题1:如果你在游泳池边,会采取什么措施? 问题2:为什么需要按压胸部? 问题3:这是在帮助溺水者进行被动的呼吸,那对我们健康人来说需要吗?	学生说:急救、对胸部进行按压或心肺复苏。 学生说:按出肺里的水或帮助呼吸。 学生说:不需要,我们可以自主呼吸。
	自主合作 探究学习	1. 感受呼吸,说出胸骨、肋骨、胸腔的变化。	1. 活动开始 (1)引语:首先让我们来感受自己的呼吸,一起来进行"呼吸初体验",坐直身体,一只手轻放在胸部,另一只手放	学生活动一: 呼吸初体验 要求:坐直身体,一只手轻放在胸部。另一只手放鼻孔前

续 表

教学环节	教学内容	教师活动	学生活动
	2. 理解概念如胸廓、胸腔、呼吸运动等。	鼻孔前平静吸气、呼气,你的身体出现了哪些变化? (2) 随机挑人回答。 (3) 小结:原来我们在呼吸的时候,身体出现这些变化。 询问同学:大家的感受是不是一致的? 2. 播放动画 (1) 刚才同学们提到的胸骨、肋骨、脊柱、胸廓、胸腔等,我们尝试在这两个动画上找找这些结构。 (2) 刚才找到的胸骨、肋骨、脊柱围成的笼状支架,称为胸廓。胸廓与哺乳动物特有的结构膈围成的空腔就是我们经常说的胸腔。 正是因为胸廓有节律地扩大和缩小,完成了吸气和呼气,我们把它称为呼吸运动。	平静吸气、呼气,学生会说吸气的时候胸腔变大了,而且觉得吸气比呼气累,胸骨向上,肋骨向上向外运动了。 学生点头表示一致。 观看动画 找结构 学生认真记笔记
	3. 通过模型,理解呼吸肌收缩引起胸腔、肺状态的变化。	(1) 引语:胸骨和肋骨这些骨骼的运动是由什么牵引的呢? (展示七上骨骼肌牵引骨骼运动的动画)一起回顾下我们学过的肱二头肌和肱三头肌牵引小臂骨骼运动的知识,从这张动画并结合自身胳膊的运动,你发现了什么? (2) 板书:累—收缩—变短	(1) 学生回答:骨骼肌。 收缩时,肌肉长度变短;舒张时,肌肉变长。 收缩的时候用力,感觉累;舒张时不用力,不累。 (2) 学生活动二:探

续 表

教学环节	教学内容	教师活动	学生活动
		不累—舒张—变长 (3) 讲明要求 (4) 认识模型 重点介绍肋间肌模型。 (5) 用连线的方式再次认识模型结构。 (6) 展示肋间肌模型图 (7) 总结学生所说	究与呼吸运动有关各的结构状态的关系。 要求4人一组,分工合作,利用模型分别模拟呼气和吸气的状态,探究各结构状态之间的关系。 小组使用模型展示,并说出结构的名称。
知识应用、拓展提升	播放心肺复苏视频,了解更具体的内容。	请同学们依据刚才所学知识解释视频中心肺复苏的原理。	依据所学分组交流后分享。
教学效果预测	1. 学生能够通过体验呼吸和模型模拟,掌握与呼吸运动有关各结构状态的关系; 2. 学生能够借助物理知识解决生物呼吸运动的难点,完成知识的迁移; 3. 通过实验及分组探究,锻炼了学生的观察能力,提升了学生的合作能力。		

(二) 构建了根植于综合课程集群的跨学科课程形态

在《基础教育课程改革纲要(试行)》《义务教育课程设置实验方案》等文件的指导下,X校重视加强学科间的互相渗透,进行综合课程的研发与实践。除了国家所规定的综合实践活动课程、品德与生活、品德与社会、科学课、艺术课等综合课程外,X校遵循整合性和实践性的原则,开设了多样化的综合课程,在内容选择与组织过程中尤其注重学生生活与多学科知识技能的联结。特别是在2017年

《中小学综合实践活动课程指导纲要》的指导下，X校加强了对综合实践活动的规划与实施力度，不但在学校设置了活动基地，还利用市区示范性综合实践基地组织实践活动，以综合性、实践性的活动课程为依托实现各学科知识的综合与延展，进一步丰富了学校的主题实践活动课程。在五育融合育人理念的指引下，X校着眼学生的成长需求，循着三条主线形成了立体式综合课程建构模式（见图7-1），开发了百余个跨学科的、综合性课程，构建了学段融通、横纵耦合的立体式综合课程集群。

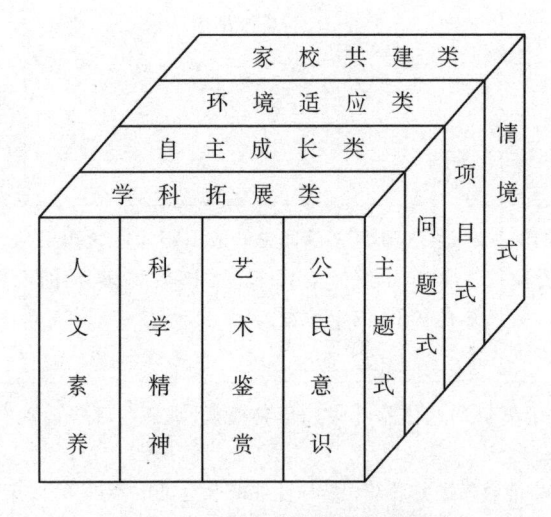

图7-1 立体式综合课程建构图

综合类课程是打破学科桎梏，融合生活场景、学校文化、课标教材、学生兴趣特点等多元素的课程创造，是跨学科教学的实践基地。X校综合课程的开发路线是彼此交织、互相联系的，第一条主线是综合课程的目标指向，具体可分为人文素养、科学精神、艺术鉴赏及公民意识，其共同服务于全面发展的人的培育；第二条开发主线关照课程内容的来源，主要包括学科课程、社会环境、学生个人生活及家庭生活；第三条开发路线是从课程实施方式入手，开发主题式、问题型、项目化、情境式等不同实践方式的综合课程。X校综合课程的主要实践场域是综合性较强的国家课程、地方课程和部分校本课程，在"双减"之后还辐射到课后服务体系中。综合课程集群是跨越学科内容进行组织及实施的，各年级学生通过网上选课、走班上课的形式参与其中，整个体系都蕴藏着浓厚的跨学科色彩。与此同时，跨学科主题教学也为综合课程提供了学科视角和实践抓手，是综合课程的重要着力点（见表7-2）。

表7-2 X校综合课程集群

学科拓展类	语文拓展类如《我们上学了》《亲人小传》，数学拓展类如《我们来寻宝》《制作立体模型》，英语拓展类如《My Dream Campus》，地理拓展类如《校园电子地图》，道德与法治拓展类如《中学，你好！》，历史拓展类如《早期中华文明国家宝藏展》，生物拓展类如《聆听花开的声音》，物理拓展类如《自制乐器》，化学拓展类如《制作14岁生日庆典火炬》等。
自主成长类	《学会学习小诀窍》《扎染"传承人"》《泉水叮咚》《我的事情我做主》等。
环境适应类	《校园探秘之旅》《我是校园小主人》《环保小卫士》等。
家校共建类	《家务小能手》《学习小导航》《母亲小传》《爸爸（妈妈）的一天》等。

（三）设计了以项目为依托的跨学科教学模式

X校的跨学科主题教学理念根植于综合课程群，显现在项目式教学中。在项目式教学中，教师将学习活动项目化，指导学生在真实的问题情境中整合多学科相关知识开展研究与设计[1]，以问题解决或成果创造为旨归。在A高校基础教育集团的引领下，X校着力开发具有学校特色的项目化教学活动，现阶段的跨学科主题教学便是传承本校极具创造力的项目式教学传统基础上的再创造。据教务处主任D老师所述，X校的项目式教学已经开展了十余年，所形成的项目内容主

---

[1] 杨明全.核心素养时代的项目式学习:内涵重塑与价值重建[J].课程·教材·教法,2021(2):57-63.

要是跨学科领域的,要求教师及学生具备多学科视角及能力素养。其从本质上来说就是一种跨学科教学理念的运用与实践。

就跨学科项目式教学的设计而言,X 校是按通用流程加上项目主题进行规划的。通用流程(见图 7-2)即跨学科项目式教学的程序,其中最核心的是项目主题的确定,这是因为后续流程均是对项目主题的细化,比如融合多学科知识是基于项目主题实施可能涉及知识的分析确定的,项目活动及驱动问题则是对项目主题的活动化呈现等。正因如此,X 校在开展跨学科项目式教学过程中,将主要的精力用于项目主题的设计方面。

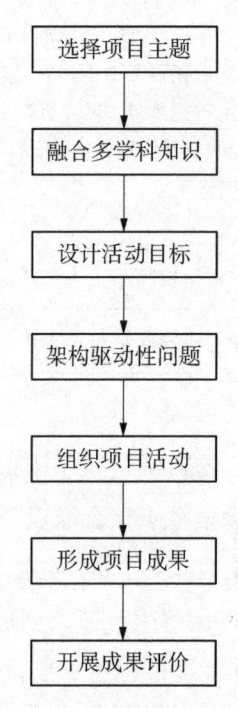

```
选择项目主题
    ↓
融合多学科知识
    ↓
设计活动目标
    ↓
架构驱动性问题
    ↓
组织项目活动
    ↓
形成项目成果
    ↓
开展成果评价
```

图 7-2　通用跨学科项目式教学设计流程图

X 校跨学科项目主题的基本要素包括主题名称、面向年级、主题来源、所需课时、主要学科、关联学科等基本信息(见表7-3)。

表7-3 跨学科项目主题的基本要素

主题名称	
主题来源	
主要学科	
关联学科	
面向年级	课时安排

比如小学阶段的"校园"主题项目式教学就是以语文学科为依托,围绕三年级上册的"人文主题"学习单元展开的,在项目实施过程中会涉及艺术、道德与法治、科学的相关元素(见表7-4)。

表7-4 语文"校园"跨学科项目主题基本信息表

主题名称	校园		
主题来源	上级主题:我与学校		
	关联单元:人文主题		
主要学科	语文		
关联学科	艺术、道德与法治、科学		
面向年级	三年级	课时安排	4

从 X 校跨学科项目式教学的实施类型来看,主要包括校园跨学科项目式教学及假期跨学科项目式教学。一般来说,假期跨学科项目式教学的时间是连续的,学生有充足的时间搜集材料、完成项目,实现自主学习。因而,假期跨学科项目式

165

教学的跨学科性和活动性更强。如小学阶段以"水"为主题的假期跨学科项目式教学是以艺术学科为主体,融科学、道德与法治、语文等学科元素于一体的跨学科实践活动,涉及音乐和舞蹈展示、饮品制作、舞台剧表演等一系列活动(见表7-5)。

表7-5 "水"主题的假期跨学科项目式教学概要

活动主题	活动内容	学科元素
"水之美"	"水"主题的舞蹈展示、歌曲演唱	艺术
"水之味"	制作秘制酸梅汤、咖啡和果汁的项目计划书	科学
"水之乐"	使用颜料和水制作水拓画的过程详解	艺术
"水之用"	用水及水杯制作乐器,演奏音乐;"水火箭"制作、水的净化实验	科学、艺术
"水之价"	《不要让眼泪成为地球上最后一滴干净的水》作品朗诵、水主题的诗朗诵和"拒绝核污水"舞台剧表演	艺术、语文、道德与法治

(四) 研制了教师跨学科主题教学思维框架

X校跨学科项目式教学的经验为该校跨学科主题教学奠定了扎实的实践基础,这也是X校在2022年课程改革初期就能顺利推行跨学科主题教学的底层渊源,也为该校教师跨学科主题教学思维框架的形成奠定了基础(见表7-6)。

表7-6 教师跨学科主题教学思维框架

思考维度	内容阐释
跨学科主题教学究竟意为何物	1. 教师对跨学科主题教学的个人理解。 2. 专家学者对跨学科主题教学的理解。 3. 官方文件对跨学科主题教学的规定。

续 表

思考维度	内容阐释
为什么要组织跨学科主题教学	1. 背景分析：聚焦于社会发展变化，如人工智能、知识爆炸，社会各行各业对人才需求的变化，以及新课程方案、新课程标准中的新观点、新思维等对学生跨学科素养的要求。 2. 校情学情分析：重点分析学习者需求、教师素养、学校发展等方面对跨学科主题教学的急切需求。 3. 课程基本信息：主要包括各学科教师要认真分析本学科所涉及的知识内容及其中容易引发跨学科教学的知识点，需要教师详细记录跨学科教学的核心概念或大观念、探究问题及探究线索等。
打算怎样组织跨学科主题教学	1. 跨学科主题教学设计。 2. 跨学科主题教学实施。 3. 跨学科主题教学评价。 4. 跨学科主题教学保障。
跨学科主题教学还有无待改进的地方	1. 教后反思。 2. 评课意见。

通过对这四个维度的思考帮助教师整体构思并修正跨学科主题教学，形成跨学科主题教学基本方案。针对较为综合的主题，教师会依据所跨内容的深浅、教材编排顺序、学生认知特点等设计主题课程链，形成一个完整的课程系列。如W老师及其团队所设计的以"纸"为主题的跨学科课程就包括"走进纸家族""纸的发明""一张纸可以有多大？"这三个子主题，在子主题一中设置了"认识纸的种类""纸趣横生"两个活动；在子主题二中包括"再现造纸术""纸的演变"；子主题三中设置了"纸的特性——吸水""纸艺千变""假如生活中没有纸"等活动（小学语文W老师）。

（五）开发了两大类跨学科实践活动

目前来说，X校的跨学科实践大致可划分为两大类。一类是小学阶段的跨学科统整课程，以问题性、情境性的综合主题为轴心组织学生展开跨学科研究性学习，其不隶属于某一学科，是较为独立的一门课程。据 W 老师所述，由于小学阶段的学习内容比较偏重生活性，其学科意味不像中学那么浓厚，因而比较容易实现学科间的强关联，这类课程多依循生活逻辑组织一些实践性学习项目，"跨学科意味"较浓。另一类是初中阶段的跨学科主题教学实践，其将各门学科作为实践载体，属于单一学科教学内的跨学科实践。这也是考虑到中学阶段教学内容的学科性较强，其教学多以掌握知识、获取技能为主，因而各门学科教师以解决本学科问题为基点系统整合其他学科内容，是偏重某一学科特色的跨学科课程。在时间安排上，X 校的跨学科教学主要以选修课形式开展，学生可以根据兴趣进行自主选择，固定的跨学科课程是每周一大节，通常是周五下午两节课。以初中部为例，初一和初二的跨学科课程时间是以期中考试作为节点，期中考试前和后各六节课。此外，各门跨学科课程所涉及的广度和深度不同，所以具体课程的时长并不固定，基本上都要 2—3 个课时及以上才能完成。

(六) 促进了师生的共同成长

在慢慢摸索跨学科主题教学的过程中，教师会思考跨学科主题教学的本质及其与传统学科教学的区别，以更为广阔的视角审视教学内容，从综合育人而不是单学科视角下规划跨学科教学的实践探究活动及评价量规等。在一个完整的跨学科主题教学实践中，教师至少要经过四次深度思考，不断修正教学设计，完善实施过程。第一次思考发生在课程的开发环节，即教师基于本学科内容，以现实问题或学科难题为起点寻找本学科内容与其他学科的可能关联点；然后在查阅文献、搜集素材的过程中深入学习所涉其他学科的知识，确定各学科的实际关联点，展开第二次深度思考；随之通过汇报和研讨进行第三次思考，审视课程选题及具体设计有无漏洞；最后在实践的过程中再一次思考这个课程设计是否合适，有哪些可以摘取出来以供其他教师参考的地方，还有哪些地方需要进一步改进等。这一个过程是课程从设想到成型的过程,更是教师的教学思考不断走向深处的过程。

对于各学科教师来说,跨学科教学不再是自己的独角戏。在各学科教师的互动交流、思维碰撞及启发激励下,教学的生长点得以源源不断地涌现,教学不再局限于教材文本,而成为了一种创造性活动,"在跨学科主题教学的设计过程中,教师已经具备了一种跨学科的视角,她(他)会有意识地去挖掘自己学科与其他学科相关的内容,假如她没有这个视角的话,她看到的可能就仅是她自己的学科(初中化学L老师)。"在跨学科主题教学的设计及实施过程中,教师的教学成长速度很快,特别是年轻教师的教学能力得以飞速提升,教学热情被激发。"其实2022版的课程标准规定了必须开展跨学科主题教学后,教师们的工作压力是增加了的,你看我们要专门拿出时间来做综合教研,但是有压力才会有动力嘛,哈哈,反正拿我自己来说吧,这对我的成长是很有利的,我成长得很快(小学语文W老师)。"教师教学能力的提升过程还辅以职业幸福感的提升,这在一定程度上又反过来激发教师的教学热情,推动教学思考走向更深处,形成"教学技能—教学成就感—教学成长"的良性循环,"通过开展这样一种跨学科主题课程,咱们孩子们的综合思维啊、创造性能力等提升得很快,这不仅有助于学生的一些理科思维啊、文科思维的发展,重要的是在这个过程中,教师对本学科的教学有了更深刻的理解,也会更加积极地去参加一下讲课比赛、申报课题等,每位老师都有很多获奖什么的(初中化学L老师)"。伴随着教学思考的不断深化,教师的教学设计能力、整合思维、统筹协调能力都有较明显提升。

在规限的、压制的学校教育环境中,学习者作为人所具有的超越性会被隐匿或遮蔽,导致其常处于一种"不表达"或"表达不良"的状态[1],自动封锁了成长通道,难以获得全面发展。X校的跨学科主题课程与教学不但强调学习内容的跨越性,还重视跨学科实践活动的组织,激发学生成长的内在动力,为学生成长和发展

---

[1] 吴康宁.学生仅仅是"受教育者"吗?——兼谈师生关系观的转换[J].教育研究,2003(4):43-47.

提供了诸多可能性。跨学科学习的全过程不是由外部世界或教育者所"给定的",而是没有规限和压制的自主活动。作为实践活动的主体,学习者能够自主选择感兴趣的学习主题进行实践探究,在实践活动过程中接触具有挑战性的新事物、验证自己的猜想、解答所思所惑,获得学习的自主权。在学生访谈中,不少受访者对X学校的跨学科主题课程及教学给予了高度评价,并表示自己最喜欢的课程就是每周的跨学科课程。在跨学科实践活动中,学生的创造性想法有了依托,并能够在兴趣的驱使下得以显性化呈现。学习者在跨学科实践活动中创造了不少作品,实现了多学科技能的融通。"孩子嘛,总是喜欢自己动手去做一些事情,他们都特别喜欢参加跨学科课程中的活动,说是比在教室里坐着听课(知识传授式课程)有意思多了。"(小学语文 W 老师)

三、X校跨学科主题教学的试错与精进

在继承与发展综合课程、项目式教学中的跨学科教学经验的基础上,X校以核心素养为纲,开发学校主题及地域特色的跨学科主题课程,特别是在"新课程方案"和"新课标"的指导下,进一步拓展了跨学科主题教学的实践领域,重视挖掘义务教育各门课程中的跨学科主题教学元素,加大了跨学科主题教学的实施力度。在多主体的共同关照下,X校的跨学科主题教学模式及框架等逐渐成型,但与此同时也面临学科之间浅层联结、体系不健全的问题,还有待进一步探索与试错。

在教师的差异性及教育的长期性与滞后性的裹挟中,跨学科教学改革的过程并不是一帆风顺的。通过对教研主任及普通教师的访谈,可以看出教师在组织跨学科主题教学时还面临内容整合难、资源不充分等问题,以下是部分访谈资料的摘录。

研究者：您在组织跨学科主题教学时有遇到什么困难吗？

受访者1：困难确实存在，还不少呢，于我而言最大的难题是寻找多个学科之间的共通问题，就是筛选各学科的知识交叉点就很难。因为我是教化学的嘛，我对生物或者物理的知识点并不是那么熟悉，对其他学科的内容就不那么敏感，有些东西可能就会自动忽略掉。（初中化学 L 老师）

受访者2：我对物理、化学、生物等理科知识还挺了解的，但对文科的知识很陌生，因为我从大学阶段的学习就是偏理科的，参加工作之后就一直教物理这一科，不太会涉及文科专业的那些内容，如果你要让我设计一个物理跨道德与法治的课，那我可一点头绪也没有。（初中物理 W 老师）

受访者3：我觉着最大的困难就是在资源方面很受限，很多教学资源是依靠老师自己去找的……为了完成上一个课例，我花了得有一周多的时间去搜集那些材料和物品。（小学道德与法治 H 老师）

教学内容共通性的相对隐蔽、课程教学资源缺位等极大地影响 X 校跨学科主题教学的推行，导致其目前所试行的跨学科主题教学还存在各学科融合程度较低、体系不完善等问题。

（一）跨学科主题教学的问题审视

首先是学科之间的深度融合尚未实现。跨学科主题教学顺势成为素养目标导向下课程体系变革与推新的主要路径，其应然状态是通过各学科内容的实质性碰撞与接触，实现不同学科的内在联结。但通过课堂观察与分析，研究者发现 X 校的一些跨学科实践还未实现学科内容、方式方法或素养理念等的深度关联，这主要表现在以下两个方面。一是为了跨学科而进行跨学科的"浅层化"跨学科现象，这主要是由于有些跨学科教学的出发点仅是为了迎合课程标准及政策文件的有关规定，没有对核心素养进行细化分解和具体分析，其教学内容还未触及所跨学科的素养目标及育人价值的共通属性。二是由于教师任意借用其他学科的思维方式或工具所造成的"功利性"跨学科教学现象。对于单一学科背景的学科教师来讲，她们是基于本学科教学内容和经验进行的跨学科设计，在此过程中会受到本学科思维定式的影响，很难对其他学科知识产生深入理解。而且单学科教研模式也无法为教师提供学习通道，使得教师的跨学科学习及素材搜集是带有自身学科"滤镜"的，难以真正"跨"出本学科视阈。此外，教师能否对不同学科的内容进行意义统整也会影响学科之间的融合程度。

其次是跨学科主题教学体系有待完善。健全完善的跨学科主题教学体系是培养综合人才的先决条件。X校虽较早开始了跨学科教学探索，但在"新课程方案"和"新课标"颁布前一直是由教师自发组织的，缺少对跨学科主题教学的整体规划，还未形成完备的跨学科教学体系，阻碍了跨学科主题教学走向深处。一方面，缺失跨学科主题教学的逻辑架构，使得各教学活动是孤立的，未依据学科特点、主题类别、活动方式等要素进行分类构建。大部分跨学科教学的目标过于笼统，都是着眼于较上位的核心素养目标，未根据学科内容进行细分，其导向性和明确性较弱，导致跨学科教学的主题开发难、跨学科实践活动组织难度大等问题。此外，跨学科主题开发比较随意化，主题下设的实践活动之间各自为政、缺少衔接性，相近主题的跨学科教学之间也难以形成教育合力，导致教学的重复和低效。另一方面，跨学科主题教学资源、管理制度等有待健全，销蚀了教师跨学科主题教学的热情和信心。虽然各门教师都是跨学科主题教学的责任主体，但缺少学校对跨学科主题教学的统筹规划与制度保障，因而依然会存在多门学科教师合作组织一门跨学科课程的现象，缩减了跨学科的实践场域。由于资源储备不足，跨学科主题教学的活动设计也缺少进阶性，各跨学科主题课程是断裂的、支解的，不利于完整的人的培育，因此亟须构建凸显学科特色及学校文化的跨学科主题课程或教学体系。

再次是,学科教学与跨学科教学难成一体。跨学科主题教学和学科教学双峰并立,与主题教学、学科实践、活动教学等前后相续,都指向立德树人的根本任务及学生的全面发展。其中,学科教学是学校育人的主要方式,是跨学科主题教学的根与魂,跨学科主题教学是学科教学深耕教育领域多年后的新生,能够补充其实践性和综合性不足的问题,二者都是培育学生核心素养的重要途径,理应相辅而行或拾遗补阙。但目前X校尚未处理好学科教学的90%和跨学科主题教学的10%之间的关系,导致跨学科主题教学与学科教学是彼此独立和割裂的,跨学科教学方式尚未真正融入义务教育阶段各门学科教学中。据了解,X校目前比较重视跨学科主题教学典型案例的开发,尚未将跨学科主题教学的"责任"落实到每位教师,导致艺术、数学等主导的跨学科主题教学比重不足,部分跨学科主题教学与学科教学"貌合神离"。此外,X校目前探索的跨学科主题教学多是由具体问题所触发的,遵循"真实问题—学科内容关联点—问题解决"的开发思路,但疏于对问题所蕴藏的素养内容的整合与梳理,未能依照素养主线进行跨学科主题教学与学科教学的开发,就会导致二者内容、方式等的交叠与重复,降低了教学效率。如相似主题的跨学科教学会涉及同样的内容,没有广度或深度的区分,还有些学科主导的跨学科主题教学是此前不同学科教学中早已涉及的内容,未有创新和强化可言。

(二) 跨学科主题教学的问题厘正

为破解各学科之间深度融合难、体系不健全的问题,实现跨学科教学和学科教学融合共生,X校从教师自身、教研团队、教学体系等方面进行了积极修正。

首先,推演复盘,反思修正。教师是跨学科主题教学的创生者及实践主体,应当理性审视跨学科主题教学内容、教学环节、教学方法,构建最适合本班学生特点及自身教学风格的教学设计。X校针对跨学科主题教学的前期问题进行了全学科的教学大研讨,循着"教学复盘—教学试错—教学改进"的逻辑理路,对跨学科主题教学进行理性思考与科学规划。具体来说就是要求教师在每次跨学科主题教学实践后进行即时批判性反思，通过回忆或课程录像复盘跨学科主题教学的整个过程，既总结经验也反省不足之处；随后教师整理自己的原创教学设计，结合自我反思对教学的各环节进行意义拆解，制作演示文稿进行个人汇报；然后根据所跨内容由本学科及其他学科老师进行点评，并提出相关改进建议；最后再由教师本人进行二次授课，进行教后再反思。这样一来，X校形成了"第一轮教学—教后反思—汇报总结—第二轮教学—再教后反思"的闭环实践模式，最后形成一个优秀的跨学科教学课例。如K老师在第一次组织"制作照明灯"主题的跨学科教学时，设置了"设计美观实用的照明灯"这一活动，将物理学科中的"电路连接"与艺术学科的"产品的设计及造型"内容相联结，其虽跨越了两个学科，但对于艺术的融合程度较浅。经过自我反思及教学研讨，K老师在第二次教学时增加了"美观"和"节能"的活动要求，组织学生提升对照明灯外观设计以及产品节能环保的要求，提升了初次设计融合程度不深、艺术性因素体现不强等问题。

经过对多位教师的访谈及观察资料的分析，研究者梳理归纳出了X校教师进行自我复盘的基本流程。首先是回顾本学科及所跨学科的教学目标，明晰各素养维度及各具体条目。其次是整合各类教学成果，将符合预期的成果置于具体的目标条目中，并重点标注未达到预期目标的内容及已取得的非预期目标。再次是细化分析各教学环节，基于其他教师的听评课记录总结教学的可取之处与有待改进之处。最后是重新审视教学的各环节，形成具有符合自身教学特色的跨学科主题教学基本模式。

在教师自我复盘及大研讨的基础上，X校重新修订跨学科主题教学的整体规划方案、课程纲要、教学模型及典型课例的详细教学方案，以项目实践和学科融合为主要路径构建系统的跨学科主题课程，不断完善其目标体系、内容体系、教育教学方法及评价体系。经过反思复盘及学校的规划，跨学科教学设计的出发点不再是教师应该如何教，而是考虑教师如何系统地组织学生的学习经验，以促进学生高效率地学。教学设计是从核心素养出发，以学业质量为落脚点。如Q老师融合教的元素与学的元素所设计的跨学科主题教学表(见表7-7)。

表7-7 跨学科主题教学设计表

基本信息					
年级		设计者		授课时间	
学科	主学科			总课时	
	辅学科				
教材版本						
教学主题						
教学设计背景					
教学目标					
课标分析						
学情分析						
教材分析						
教学重难点					
教学重点						
教学难点						
教学方法及工具					
教学方法						
教学工具						
具体活动设计					
任务1						
任务2						
……						
学习评价设计					

续表

教学结构图
作业设计
教学反思与改进

其次是专家引领,研教相融。基础教育领域的课程改革需要学科研究专家的引领,也需要教师自身成为研究者,加快实现研究与实践的相融、贯通。X校依托专家指导及教研模式创新搭建了理论研究与教学实践的沟通桥梁,在内部和外部的综合助益下修正跨学科主题教学实践中的问题。

一方面,X校积极寻求高校研究专家的指导,破解跨学科主题教学的实践难题,获得外部助益。为提升一线教师的学习力,助力教师成长为"专家型教师",A高校基础教育集团聘请了许多知名的学科专家对各分校进行教学指导。针对跨学科主题教学专题,研究专家会将"新课程方案"和"新课标"中的相关学理化表达"翻译"为教学话语,澄清跨学科主题教学的立场及本源,助力一线教师及领导者成为跨学科主题教学的创生者。以此为依托,X校在学科研究专家的引领下,成立了跨学科课题组及工作坊,定期进行跨学科的课程研发与课题研究。在学科研究专家及教师的共同努力下,X校搭建了跨学科主题教学的基本框架,供各学科教师基于本学科特点进行跨学科教学设计。

另一方面,X校创新教育研究模式,激发跨学科教学的内生动力,实现内部纾困。在小学阶段,X校于2022年专设了"跨学科主题统整教研组",组织小学阶段的各学科教师参加跨学科课程实施研讨会,着力提升教师的专业素养,培养具有跨学科融合思维的老师。在教研组长的带领下,各学科教师共同钻研跨学科教学的内涵和价值、回顾并总结跨学科教学实践经验、改进跨学科主题教学设计的各环节,不断巩固强化自身的整体教学思维及能力。初中部在此前单学科教研模式的基础上,又增设了文综教研组和理综教研组,定期开展文综学科、理综学科的集体教研活动。其中文综组的设置目的是打破"政治、历史和道德与法治"的教研壁垒,探索三个学科之间的相通之处,实现学科内容的内在联动。理综组通过"物理、化学和生物"学科的关联和整合,培养学习者的科学思维。经过对文综组、理综组的教研组长及部分教师的访谈,研究者总结了X校跨学科教研的基本思路,即在跨学科教研时,X校跨学科课程的开发是以任务的方式来驱动的,首先由教研组长事先将开发跨学科课程的任务布置给每位老师,要求每个老师用两周的时间自己查阅文献、搜集素材,然后结合自身学科特点,试着开发以本学科为主的跨学科课程;其次,在两周后组织跨学科教研活动,请各位老师逐一进行汇报,再由其他学科教师根据汇报者的选题价值、问题提出、活动开展等方面作出点评,提出修改意见,这一步的主要任务就是各学科教师审视该选题是否指向素养目标、问题设置是否指向学生思维的提升;再次就是汇报者根据各学科教师的建议进行修改,而后形成一门相对成型的课程;最后由各学科教师进行实施与不断修正。在跨学科教研模式中,组内的各学科教师共同面对并合力解决跨学科课程开发这一大难题,促进了大量优质的跨学科课程的产生,如X校研发了《神奇的电池》《制作悬浮纸飞机》等多门基于跨学科思维培养的系列课程。

  再次是目标迭代,五育融通。目前X校跨学科教学实践中的所跨学科之间的表层联结及其与学科教学"若即若离"问题的深层根源在于跨学科主题教学的主线不明,缺失核心理念的主导。在跨学科主题教学的探索初期,部分教师以本学科目标为主线搭建多教学知识图谱,忽视了学科间共通的素养目标,难以实现不同学科内容的意义联结,消解了多学科的育人合力。《中国教育现代化2035》指出,教育事业应该以德为先、重视文化素养、强化体育工作、改进学校美育、弘扬劳动精神,注重学生的融合发展和全面发展[1]。跨学科主题教学在打破学科桎梏的

---

[1] 中华人民共和国中央人民政府. 中共中央、国务院印发《中国教育现代化2035》[EB/OL]. (2019-02-23)[2024-03-01]. https://www.gov.cn/zhengce/2019-02/23/content_5367987.htm.

基础上也促进德、智、体、美、劳五育内容有机融合,是联结各育的有效支点,为五育融合的深入达成提供了重要载体。在X校校长看来,推行跨学科主题教学改革要不断淡化传统的学科界限,将学科逻辑和生活逻辑相结合,整合德育、智育、体育、美育、劳动教育五大板块的内容,为学生提供"完整"的教育。为此,该校在五育融合的目标指引下,构建了"五育目标—跨学科素养目标—综合主题目标—活动目标"的目标迭代模式,促进所跨学科之间的深层联结(见图7-3)。

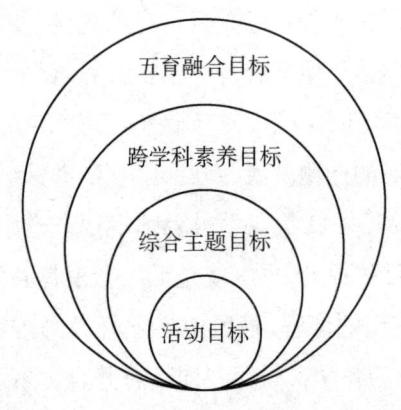

图 7-3 跨学科主题教学的目标迭代模式图

四、X校跨学科主题教学的改进与创新

在推进基础教育课程改革的关键时期,X校针对跨学科主题教学实践过程中出现的系列问题进行了修正与完善,现已依据新一轮义务教育课程修订理念建构起了相对系统化的逻辑理路与科学的发展图景。

(一)跨学科主题教学逻辑框架定型

新时代背景下,X校深入探析跨学科主题教学的价值意涵、本质属性及核心内容,积极探索基于本校特色及学生发展的跨学科主题教学模式。从价值逻辑、组织逻辑、实践逻辑及制度逻辑四个维度着手改进学校跨学科主题教学的生成逻辑。

一是价值逻辑:以素养培育为旨归。课程标准的形成是依据学生、社会及学科的需要对知识进行价值判断与类型划定的一种"社会过程"[1]。多轮义务教育课程修订中有关综合课程、跨学科教学的内容既顺应了人的认知发展规律,也迎合了社会政治经济的发展需求。

在此背景下,X校着手进行素养为本的课程与教学架构,以跨学科主题教学为抓手实现育人方式的重要转型,即从原来学科教学中的"学科+"模式转变为综合主题引领下的"素养+"模式,避免学科课程的闭环设计所导致的育人目标的学科化、割裂化。X校以核心素养为主线设计跨学科主题教学,其主题筛选、目标拟定、活动组织、评价开展的全过程都指向并服务于学生的核心素养。

二是组织逻辑:基于学科,主动跨界。X校的跨学科主题教学是超越学科边界和突破学科壁垒的,其看似不拘泥于学科的固定范围组织教学,但在组织教学时却不是"离学科"的,而是尊重学科基础之上对多学科内容的整合与重组。教师在跨学科教学中不断突破本学科边界,也在各学科交融过程中创造着新的知识边界,在突破单一学科的内容范围基础上,实现教学方式、思考方式、组织方式等的联结融通。

三是实践逻辑:强调真实情境中的问题解决。X校的跨学科主题教学以活动为中心,引导学生在跨学科实践过程中经过逻辑判断及推理、跨学科分析与思考、建模活动等促进知识的内化,通过变革学习方式,培养学生解决问题的综合能力。跨学科主题教学是为了解决单一学科所不能解决的问题,进一步提升学科教学效果。在跨学科主题教学的设计环节,教师会基于学科视角思考与审视生活中的真实问题,对其进行学理化阐释与设计,借助真实性问题作为教学切入点,引发学生的认知冲突并借助驱动性问题串联各教学活动,组织学生参与具身化的学习活

---

[1] 吴康宁.学校课程标准的社会形成[J].教育科学,2003(6):7-10.

动,重视其学习体验的获取及思维的进阶。源自生活情境中的问题往往是复杂的、跨学科的、综合的及实践性的,需要学生在深度学习及深度思考的基础上,对不同学科的知识与技能进行整合,在理解问题、分析问题、解决问题的过程中,学生能生成对学科内容、自我及社会的深度认知和理解,将学科教学中习得的形象思维、抽象思维、直觉思维等基本思维转换升级为批判思维、创造思维、计算思维等高级思维,加快实现学科知识向社会适应力的转换。如地理老师借初中语文《伟大的悲剧》一课中的问题情境,以"斯科特一行人应该怎样自救?"为教学起始点,融合语文内容的同时锻炼学生的地理学科思维方式(初中地理 W 老师)。针对较为复杂或周期较长的实践活动,教师在活动之前会指导学生制定问题研究计划书,系统梳理活动主题、活动目的、活动内容、具体方法、时间安排等。在成果展示阶段,学生可以采用录制视频、制作演示文稿、记录日志、撰写研究报告等多种形式展示问题解决的全过程,并进行复盘与反思。

四是制度逻辑:构建多元共建机制。跨学科主题教学的建构不仅需要对多学科教学内容进行统合扩展,也涉及资源整合、场地规划、评价革新等多方面,是一个开放的、系统性工程,必然要遵循多元共建的行动逻辑。为此,X校基于教学设计的整体视角,建立了"多主体—全过程"的联动机制。

一方面,构建以学校为主导的多元主体协同共创机制。X校会在学期初制定跨学科主题教学计划,统一组织教师进行跨学科课程的研发及实施。从整体上来讲,X校目前是"4.5+0.5"的课程安排模式,其中每周会拿出半天的时间开展选修课程、跨学科课程等,一般会定在每周五下午。在此过程中,家庭及社区等会配合学校开展跨学科主题教学,为其提供必要的场地服务、物质设施等。一门成型的跨学科主题课程不是教师个人的独创,而是专家、教师、学生、家长等多主体共创的产物。教师是跨学科主题教学的主要组织者,其跨学科素养的达成是基于多主体的共同认知,离不开专家的引领、学生的参与及家长的支持帮助。X校拥有健全的家校联动机制,其组建家长委员会,定期召开各年级家长代表大会,家长有机会、有路径参与跨学科主题教学。

另一方面,形成开发、组织、实施、评价的全过程联动。跨学科主题课程从无到有的全过程都是多元参与主体共同作用的结果。在综合主题的筛选环节,教师会以问卷的方式了解学生的学习兴趣、家长的教育关注点及特长、教育背景等,保证主题的适切性和可行性;在开展跨学科主题教学的过程中,教师可以依托"家长学校"等平台及学校定期组织的"家长进学校""家长讲堂""家长现身说法"等活动,寻找具有学科背景的家长,并聘请其作为跨学科实践活动的指导专家,辅助教师完成跨学科或复杂的项目活动;在跨学科学习评价环节,学生可以在家长的帮助下创新成果展示方式,如制作汇报所用的演示文稿、微视频等。

(二)跨学科主题教学实践路向的确立

X校顺应新一轮义务教育课程修订理念,理清了跨学科主题教学的四重逻辑,突破了单一学科教学的思维窠臼。在此基础上,X校从教学框架重整、脚手架搭建、典型案例开发以及研训教模式变革等方面探寻多重逻辑的有机"契合",进一步廓清了跨学科主题教学的实践路径。

一是,搭建跨学科主题教学的理论框架。经过多年的实践探索,X校逐渐形成了基于学校文化、兼顾学习主体及学科特点的跨学科主题教学模式,实现了多学科的内在融通。

X校突破目标导向模式,形成了"跨学科概念+"的教学设计模式。在传统教学中,教师大多依照"目标—内容—实施—评价"这一自上而下的模式组织教学,较为重视学科内容的引领作用,对学生主体的关照度不够。但跨学科主题教学的重点不只是学科内容,重要的是对学生思维的锻炼及能力的提升,是围绕学生展开的。在"跨学科概念+"的教学设计模式中,教师基于跨学科立场及学生的生活场域,挑选具有学科凝聚力的学科概念或理论、学生主体及个人生活类主题、自然或社会问题等作为跨学科教学的主题,遵循"生活现象或综合主题—科学问题—教学审视—组织架构—解决应用"的逻辑理路进行教学整体架构。跨学科概念是具备跨学科性质的关键概念,是对真实问题的一种学理性归纳与阐释。如X校从学生生活的角度出发,设置了《认识我们的学校》《制作学校模型》《科学膳食》《小小发明家》等跨学科主题课程。此外,X校在跨学科概念的导向下,重构了跨学科主题教学的内容及方法体系。在教学内容方面,X校教师打破了传统的学科界限,以素养目标及综合主题为轴心整合与重构教学内容,实现了学科内容的基因式相融。教学方式的革新主要体现在教师以项目式、主题式、问题式、探究式等多种方法展开跨学科教学,帮助学生在"知其然"的基础上,能够"知其所以然",不仅习得知识,更要锻炼思维及实践能力。

二是,提供"教"与"学"的有效支架。在理论专家的引领及教研组的共同努力下,X校研发出了跨学科的教学指南和学习指南,作为开展跨学科教学及跨学科学习的主要脚手架(Scaffolding)。建构主义研究者将脚手架理解为一种教学方式,其主要发生在学生凭借自身现有能力难以开展问题解决时,教师所提供的有效帮助与支持,[1]以促进学生潜在能力的发展与提升,不断拓宽最近发展区。

X校的脚手架则是基于跨学科主题教学的"双主体"立场所构建的,既着眼于学生如何顺利进入跨学科学习场域,也关照教师如何有效开展跨学科主题教学。跨学科主题教学指南主要涉及课程设计及实施的指南和规范,为设计跨学科主题教学提供抓手,以促进跨学科主题教学的规范化及系统化。经过多方研究及不断试错,X校最终拟定了一个通用的跨学科主题教学方案,建构了跨学科主题教学的完整路径(见图7-4)。该教学方案仅是提供跨学科主题教学的基本流程,各学科教师可以针对主导学科特点、主题统摄范围、活动链条等在此框架基础上进行再创造。为匹配各教学任务,X校又拟定了跨学科主题学习指南,基于学生立场规划了学习进程,具体包括学习主题背景介绍、学习目标阐释、具体活动安排、学习资源及获取方式、学习内容概要及开展、学习成果展示及检验。

三是,开发跨学科主题教学的典型案例。跨学科主题教学指南阐释了跨学科

---

[1] 戴妍.对话式脚手架:一种新的学习策略[J].现代远距离教育,2014(4):44-49.

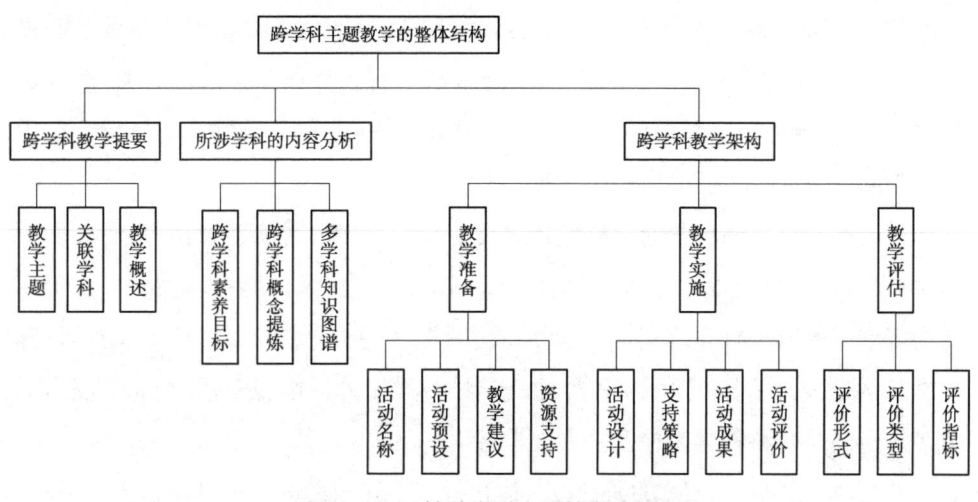

图 7-4 X校跨学科主题教学路径图

教学的一般框架,建构了跨学科主题教学的基本实践理路,有效拓宽了跨学科主题教学的实践范围。为构建特色化、多元化的跨学科课程体系,X校要求各教研组开发不同类型及主题的典型案例,在此基础上分析案例的设计理念及具体的主题设置、目标构建、学情分析、内容选择、活动设计、教学实施及评价等各环节,将教学框架的各维度具体化。

根据跨学科主题教学的现实样态,X校主要遵循两种路向进行跨学科主题教学的案例开发。一种是学科取向的案例研发思路,即以一门学科为轴心,辐射多学科的融合教学模式。如以初中语文中散文教学为依托,组织学生制作散文版智慧校园导览;基于地理学科的《极地探险旅程》、基于英语语言表达与训练的《English Dramas》《英语读 Bar!》课程;为学习物理学科中的浮力知识所开发的《鱼鳔探秘》等课程。另一种是以主题为中心开发跨学科教学案例。这类案例的开发路径是将学科界限模糊的综合性主题、两个或以上学科的共通性原理及素养条目作为整合多学科内容的焦点和轴心,重在凸显跨学科教学的"主题"特性。这类案例并非将跨学科教学置于某一学科场域,而是意在强调跨学科教学不能"去学科化",其教学内容涉及面较广、融合程度更深,很难适配当前的学校教学制度及时空环境,往往会发展为一门完整的跨学科课程。如在小学阶段有关"动物保护""冬雪"主题的跨学科课程;初中文科组指向"辩证思维培养"的案例设计;初中理科组基于"科学思维"的案例研发等。

循着跨学科主题教学的学科融合式及主题融合式两种实践取向,X校开发出不少成型的跨学科课程,并在此基础上依照学科类型、学段特点、主题内容、价值指向等维度对其进行系统编排,逐渐形成了跨学科主题教学案例库。在跨学科教学案例的研发及实践过程中,教师的跨学科教学能力得以提升,并在此过程中形成了自身的跨学科教学风格及个人教学哲学。

四是,探索"1+1+N"的研训教一体化模式。在前期的理论专家指导、各教研组集体教研的基础上,X校又融入跨学科教学培训的内容,逐步探索出研究、培训、教学的"1+1+N"模式,为跨学科主题教学的研发与实践注入持续动力。

"1+1+N"模式是指一位跨学科研究专家及一位学科教研组长带领一批教师围绕跨学科主题教学这一问题展开深度教研、进行跨界学习与培训,保证跨学科主题教学既不脱离理论的指导,又能植根于学科的土壤。一方面,X校聘请了高校的跨学科研究者作为跨学科主题教学的指导专家,并定期组织专家探讨会,带领各学科教师进行跨学科课程研发与培训学习、指导教师开展跨学科教学的行动研究,保证跨学科主题教学实践路径的科学性。此外,该校教研方式的革新进一步拓宽了研讨的广度及深度,明确了跨学科主题教学的方向。X校的教研模式是学科教研及跨学科教研的融合模式,即在各学科单独教研的基础上辅之以多学科的综合教研。为落实跨学科主题教学,小学部围绕"跨学科教学素养提升"专题创建了跨学科主题教学工作坊,并根据年级细分为不同的学习小组,定期开展跨学科教学的专题培训活动;中学部在语文、数学和英语三门学科的单独教研外,还每周开展理综科目及文综科目的综合教研,并以教研组为单位组织跨学科教学的教研培训、说课比赛、教学设计及讲课比赛等,重视提升教师的跨学科教学素养及研究素养。理综组及文综组是基于学科内容及思维方式的高度关联及相似性而设置的,有效促进了各组内三门学科的内在相融,但将学科单纯置于文科或理科的窠臼,也会将跨学科的范围局限在三门学科内,缩小了实践范围。此外,硬性地将六门学科划分为理科和文科两大类,本就是有些欠妥的,因为偏向文科属性的学科中也会涉及理科的知识,而理科属性较强的学科中也肯定会暗含文科的内容。为此,该校也较为重视文科与理科之间的相融,定期开展全学科的综合教研。依托"1+1+N"模式,教研组长根据专家指导,带领教师共同学习并分析各单元的整体学习目标,理清教学目标的内涵意旨及大概的实践路向,然后由各小组挑选感兴趣的单元进行教研,思考单元目标下可以细分为哪些跨学科主题及具体活动,并根据主题来源、内容维度、方式方法等进行意义拆解,然后整理预设教学活动及可能存在的问题、困惑等进行分享。

参考文献

一、著作类

[奥]路德维希·冯·贝塔兰菲. 一般系统论:基础·发展·应用[M]. 秋同,袁嘉新,译. 北京:社会科学文献出版社,1987.

辞海编辑委员会. 辞海(中)[M]. 上海:上海辞书出版社,1979.

[法]卢梭. 爱弥儿(上卷)[M]. 李平沤,译. 北京:商务印书馆,2006.

李秉德. 教学论[M]. 北京:人民教育出版社,1991.

联合国教科文组织. 一起重新构想我们的未来:为教育打造新的社会契约[M]. 北京:教育科学出版社,2022.

刘劲杨. 当代整体论的形式分析[M]. 成都:西南交通大学出版社,2018.

刘仲林. 跨学科学导论[M]. 杭州:浙江教育出版社,1990.

[美]艾瑞克·唐纳德·赫希. 我们需要怎样的学校?[M]. 张荣伟,译. 福州:福建教育出版社,2019.

[美]杜威. 民主主义与教育[M]. 王承旭,译. 北京:人民教育出版社,1997.

[美]杜威. 学校与社会·明日之学校[M]. 赵祥麟,任钟印,吴志宏,译. 北京:人民教育出版社,2004.

[美]格兰特·威金斯,杰伊·麦克泰格. 追求理解的教学设计(第二版)[M]. 闫寒冰,等,译. 上海:华东师范大学出版社,2017.

美国科学促进协会. 面向全体美国人的科学[M]. 中国科学技术协会译,北京:科学普及出版社,2001.

[美]Howard Gardner. 智力的重构:21世纪的多元智力[M]. 霍力岩,房阳洋,等,译. 北京:中国轻工业出版社,2004.

[美]罗伯茨,克洛夫. 跨学科主题单元教学指南[M]. 李亦菲,译. 北京:中国轻工业出版社,2005.

[美]Roberts, P. L., Kellough, R. D. 跨学科主题单元教学指南[M]. 李亦菲,等,译. 北京:中国轻工业出版社,2005.

[美]汤姆林森. 多元能力课堂中的差异教学[M]. 刘颂,译. 北京:中国轻工业出版社,2003.

[捷克]夸美纽斯. 大教学论[M]. 傅任敢,译. 北京:教育科学出版社,2005.

课程教材研究所. 20世纪中国中小学课程标准·教学大纲汇编:课程(教学)计划卷[M]. 北京:人民教育出版社,1999.

柯清超. 超越与变革:翻转课堂与项目学习[M]. 北京:高等教育出版社,2018.

彭彩霞. 中国基础教育课程政策三十年:基于政策语境视角(1978—2008)[M]. 北京:中国社会科学出版社,2015.

[日]佐藤学. 教师的挑战:宁静的课堂革命[M]. 钟启泉,陈静静,译. 上海:华东师范大学出版社,2012.

[日]佐藤学. 静悄悄的革命[M]. 李季湄,译. 北京:教育科学出版社,2014.

[日]佐藤学.学习的快乐——走向对话[M].钟启泉,译.北京:教育科学出版社,2004.
王策三.教学论稿[M].北京:人民教育出版社,1985.
文军.当代社会学理论:跨学科视野[M].北京:中国人民大学出版社,2015.
[印度]克里希那穆提.一生的学习[M].张男星,译.深圳:深圳报业集团出版社,2010.
[英]Peter Checkland.系统论的思想与实践[M].左晓斯,史然,译.北京:华夏出版社,1990.
袁年兴.族群的共生属性及其逻辑结构:一项超越二元对立的族群人类学研究[M].北京:社会科学文献出版社,2015.
张芳杰.牛津现代高级英汉双解辞典(第三版)[M].北京:牛津大学出版社,1984.
张楚廷.高等教育哲学通论[M].北京:高等教育出版社,2010.
郑易里,党凤德,徐式谷,等,主编.英华大词典(修订第二版)[M].北京:商务印书馆,1984.
中国社会科学院语言研究所词典编辑室.现代汉语词典(修订本)[M].北京:商务印书馆,1999.

二、期刊类

安桂清.论义务教育课程的综合性与实践性[J].全球教育展望,2022(5).
包艳华,唐倩,Barbara M. KEHM.德国高校跨学科科研平台建设研究——以3D制造集群为例[J].北京航空航天大学学报(社会科学版),2022(5).
鲍银霞,汤志娜.学科教学知识的概念批判与发展[J].教育科学,2014(6).
蔡慧英,李欣,孙佳悦.提升职前教师跨学科教学设计能力的课程设计及其实证研究[J].现代教育技术,2023(12).
蔡阳合.基于小学语文核心素养的跨学科学习评价体系探究[J].中国教育学刊.2023(S1).
曹培杰.未来学校变革:国际经验与案例研究[J].电化教育研究,2018(11).
曹忠.全面育人理念下的小学体育跨学科协同教学[J].中小学管理,2019(11).
陈丹,崔亚雪,李洪修.跨学科主题学习的实践属性及其路径选择[J].天津师范大学学报(基础教育版),2023(4).
陈沙沙,迟少辉,王祖浩.加拿大安大略省新一轮科学与技术课程改革的特色与启示[J].比较教育学报,2023(2).
陈一林,张文鹏,刘斌.基于活动理论的体育与健康课程跨学科主题学习活动设计路径研究[J].体育学研究,2023(5).
陈佑清.不同素质发展中的直接经验与间接经验的关系[J].上海教育科研,2002(11).
崔允漷,郭洪瑞.跨学科主题学习:课程话语自主建构的一种尝试[J].教育研究,2023(10).
戴妍.对话式脚手架:一种新的学习策略[J].现代远距离教育,2014(4).
丁俊武,刘晓飚.迁移研究的最新进展及其教学含义[J].武汉体育学院学报,2001(5).
丁莉莉,王军钊,宫茜.小学跨学科主题学习的系统设计与实施[J].中小学管理,2023(6).
窦桂梅.新课改背景下课程整合的实践探索——清华大学附属小学"1+X课程"育人体系建构的案例研究[J].教育研究,2014(2).
窦桂梅.主题教学的思考与实践[J].人民教育,2004(12).
窦桂梅,柳海民.从主题教学到课程整合——清华附小"1+X课程"体系的建构与实施[J].东北师大学报(哲学社会科学版),2014(4).
杜芳芳,李佳敏.基于问题的跨学科学习:高校本科教学的改革路向[J].高教探索,2015(10).
杜文彬.澳大利亚中小学课程结构改革及其启示[J].全球教育展望,2017(9).

杜文彬.教师跨学科教学能力的关键要素与结构模型建构研究——基于混合研究方法[J].全球教育展望,2023(8).

董鹏,于素梅.五育融合导向的体育课堂教学:内涵厘定、策略探骊与误区规避[J].体育学研究,2022(2).

董艳,夏亮亮,王良辉.新课标背景下的跨学科学习:内涵、设置逻辑、实践原则与基础[J].现代教育技术,2023(2).

范树成.综合课程理论流派探析[J].外国教育研究,2000(2).

冯春艳,李序花,王宁,李洋,邵朝友.基于大观念的跨学科主题学习课程构建路径[J].天津师范大学学报(基础教育版),2024(2).

郭华.带领学生进入历史:"两次倒转"教学机制的理论意义[J].北京大学教育评论,2016(2).

郭华.落实学生发展核心素养　突显学生主体地位——2022年版义务教育课程标准解读[J].四川师范大学学报(社会科学版),2022(4).

郭华,袁媛.跨学科主题学习的基本类型及实施要点[J].中小学管理,2023(5).

郭宇凡.素养导向下小学数学跨学科综合实践活动的思考与实践[J].中国教育学刊,2023(S2).

郭洪瑞,张紫红,崔允漷.试论核心素养导向的综合学习[J].全球教育展望,2022(5).

郝京华.李吉林情境教育三部曲的课程论意义[J].中国教育学刊,2016(10).

何伟光.从构成论走向生成论:智能教育的哲学重思及实践路向[J].现代大学教育,2022(3).

黄甫全.整合课程与课程整合论[J].课程·教材·教法,1996(10).

黄小洲.海德格尔科学解释学的解构之维[J].科学技术哲学研究,2023(21).

姜美玲.基于问题的学习:一种可资借鉴的教学模式[J].全球教育展望,2003(3).

金永得.走向整体之路——简论斯坦纳与沃尔多夫教育思想[J].全球教育展望,2005(4).

金吾伦.知识生成论[J].中国社会科学院研究生院学报,2003(2).

晋银峰.小学课程整合20年:历程、问题与策略[J].课程·教材·教法,2020(11).

靳玉乐,朱文辉.生成性教学:从方法的惑到方法论的澄清[J].教育科学,2013(1).

李洪修,崔亚雪.跨学科教学的要素分析、问题审视与优化路径[J].课程·教材·教法,2023(1).

李建辉.教育实践中的矛盾是教育理论产生与发展的源泉——约翰·S·布鲁贝克《高等教育哲学》中的教育思想述评[J].外国教育研究,2005(3).

李俊堂.跨向"深层治理"——义务教育新课标中"跨学科"意涵解析[J].四川师范大学学报(社会科学版),2022(4).

李俊堂,钱玮.跨学科主题学习的评价设计要点[J].中小学管理,2023(5).

李芒,易长秋.STEM教育的困境与审思[J].中国远程教育,2022(9).

李森,郑岚."五育融合"的时代价值及其教学实现[J].课程·教材·教法,2022(3).

李文阁.生成性思维:现代哲学的思维方式[J].中国社会科学,2000(6).

李祥,周芳,蔡孝露.中小学教师减负政策的价值分析:权利保障的视角[J].现代教育管理,2021(7).

李怡明.数字化转型背景下课堂教学范式重构[J].中国电化教育,2024(1).

李昱辉.日本综合学习嬗变、特征与问题[J].比较教育研究,2019(1).

李政涛,文娟."五育融合"与新时代"教育新体系"的构建[J]中国电化教育,2020(3).

李祖祥.主题教学:内涵、策略与实践反思[J].中国教育学刊,2012(9).

连莲.国外问题式学习教学模式述评[J].福建师范大学学报(哲学社会科学版),2013(4).

梁舒婷,李臣之.中小学教师跨学科教学胜任力测评与提升[J].全球教育展望,2023(8).

梁云真,刘瑞星,高思圆.中小学"人工智能＋X"跨学科融合教学:理论框架与实践策略[J].电化教育研究,2022(10).

林崇德.中国学生核心素养研究[J].心理与行为研究,2017(2).

玲如.莫里逊单元教学法[J].上海教育科研,1985(5).

刘登珲.美国综合课程改革指导框架、实施路径与借鉴[J].比较教育研究,2019(12).

刘登珲.詹姆斯·比恩课程统整思想研究[J].全球教育展望,2017(4).

刘登珲,李华."五育融合"的内涵、框架与实现[J].中国教育科学,2020(5).

刘登珲,牛文琪.跨学科主题学习的迷思与澄清[J].教育发展研究,2023(22).

刘丰,徐鹏.高中语文跨学科学习的实施路径探析[J].中学语文教学,2022(2).

刘桂辉,侯德娟.教师的教学经验及其理性升华[J].中国教育学刊,2017(3).

刘希娅.中小学跨学科学习的内涵价值、现实困境与实施策略——谢家湾学校素养导向跨学科学习实践探索[J].中国教育学刊,2023(10).

刘仲林.交叉科学时代的交叉研究[J].科学学研究,1993(2).

卢俊勇,陶青.全科还是分科:我们到底需要什么样的小学教师?——杜威的思想及其启示[J].外国教育研究,2018(9).

罗祖兵.生成性教学:不只是一种教学方法论[J].四川师范大学学报(社会科学版),2018(1).

孟鸿伟.OECD学习框架2030[J].开放学习研究,2018(3).

苗成彦."四节"联动·整体育人:综合课程建设的区域推进[J].中小学管理,2019(4).

宁本涛."五育融合"与中国基础教育生态重建[J].中国电化教育,2020(5).

宁本涛,樊小伟.论"五育融合"的生成逻辑和实践路径[J].杭州师范大学学报(社会科学版),2022(5).

宁本涛,覃梦蒙."五育"如何美美与共[J].教育发展研究,2021(22).

宁本涛,杨柳.美育建设的价值逻辑与实践路径——从"五育融合"谈起[J].河北师范大学学报(教育科学版),2020(5).

欧阳修俊,梁宇健.义务教育生态优化的困境与化境[J].中国教育学刊,2023(11).

潘洪建.我国活动课程发展70年[J].课程·教材·教法,2019(6).

潘希武.校本课程建设的转向及其深化[J].教育学术月刊,2023(6).

卜玉华.论"新基础教育"教学思想的问题意识与方法论立场[J].中国教育学刊,2017(6).

秦瑾若,傅钢善.STEM教育:基于真实问题情景的跨学科式教育[J].中国电化教育,2017(4).

冉源懋,罗旎兮,翟坤."现象教学"在芬兰:理念、实施与经验[J].教育学术月刊,2022(4).

任学宝.跨学科主题教学的内涵、困境与突破[J].课程·教材·教法,2022(4).

荣艳红.赫尔巴特教育思想的传播及其对美国初等教育课程与教学论的影响[J].河北大学学报(哲学社会科学版),2007(2).

尚力沛,俞鹏飞,王厚雷,程传银.论体育与健康课程中的跨学科学习[J].上海体育学院学报,2022(11).

石中英,尚志远.后现代知识状况与基础教育课程改革[J].教育探索,1999(2).

宋朝霞,俞启定.基于翻转课堂的项目式教学模式研究[J].远程教育杂志,2014(1).

孙宽宁.综合实践活动的价值反思与实践重构[J].课程·教材·教法,2015(5).
孙兴华,刘晓莉,郭昕雨.跨学科主题学习实施路径的探寻——以数学学科为例[J].教育科学研究,2023(4).
孙元涛.教育学学科边界问题的再认识——关于"跨学科研究"的教育学思考[J].教育发展研究,2010(24).
孙振东.跨学科教学的误区及理性回归[J].中国教育学刊,2019(4).
唐汉卫,倪羽佳.美国社会科课程统整:历程、模式和困境[J].全球教育展望,2021(9).
唐晓勇.互联时代的课程重构:构建基于跨学科的统整项目课程[J].中小学管理,2019(10).
田慧生.综合实践活动的性质、特点与课程定位[J].人民教育,2001(10).
田娟,孙振东.跨学科教学的误区及理性回归[J].中国教育学刊,2019(4).
万昆.跨学科学习的内涵特征与设计实施——以信息科技课程为例[J].天津师范大学学报(基础教育版),2022(5).
万昆,饶爱京.促进跨学科学习发生的学习环境设计研究[J].教育学术月刊,2023(3).
王彬.赫拉克利特的"生成"观与《易传》"生生"观之比较研究——兼论西方形而上学的困境与出路[J].孔子研究,2014(5).
王飞."五育融合"视域下综合实践活动课程的整体设计——基于《义务教育课程方案和课程标准(2022年版)》的视角[J].当代教育与文化,2022(5).
王飞,吴晓楠.跨学科主题教学的意蕴辨读与行动路向——基于"五育融合"的视角[J].湖南师范大学教育科学学报,2023(5).
王飞.跨学科主题教学常态化实施的学校保障制度建设[J].教学与管理,2024(19):18-21.
王飞.综合育人视域下活动课程的整体设计与系统实施[J].教育导刊,2022(7).
王海青.论整体主义教学[J].全球教育展望,2019(4).
王欢,田康.教师跨学科素养的现实问题与应然追求[J].教育理论与实践,2022(2).
王鉴,刘静芳.综合学习:内涵、特点与实施[J].中国教育学刊,2023(2).
王树宏,王锐.指向儿童完整生活:基于国家课程的跨学科教学实践[J].中国教育学刊,2022(9).
王兴元,姬志恒.基于知识分类的跨学科交叉创新组织机制研究[J].理论学刊,2012(11).
伍红林,田莉莉.跨学科主题学习:溯源、内涵与实施建议[J].全球教育展望,2023(3).
吴开俊,姜素珍,庾紫林.中小学生课后服务的政策设计与实践审视——基于东部十省市政策文本的分析[J].中国教育学刊,2020(3).
吴康宁.学生仅仅是"受教育者"吗?——兼谈师生关系观的转换[J].教育研究,2003(4).
吴康宁.学校课程标准的社会形成[J].教育科学,2003(6).
吴旻瑜,万昆,赵健.跨学科学习是什么?如何做?——以义务教育信息科技课程为例[J].课程·教材·教法,2023(1).
吴晓玲.英国苏格兰卓越课程高中阶段改革述评[J].课程·教材·教法,2015(2).
吴晓楠,王飞.新课标导向下跨学科主题教学的概念厘定、本质特征及实践进路[J].教育科学论坛,2024(2).
徐洁.迈向"核心素养":新中国成立70年基础教育课程改革的逻辑旨归[J].教育科学研究,2020(1):12-17.
宣勇,凌健."学科"考辨[J].高等教育研究,2006(4).
闫安,陈旭远,朱妍.跨学科学习的透视:驱动背景、内在逻辑与条件支持[J].教育学报,2023(6).

杨俊杰.跨学科融合式教学：思维广场课程的深化发展[J].教育学术月刊,2022(4).

杨柳,宁本涛.以"五育融合"重塑教育的完整性[J].教育发展研究,2022(Z2).

杨明全.STS课程：类型、特征及改革走向[J].教育研究,2007(8).

杨明全.核心素养时代的项目式学习：内涵重塑与价值重建[J].课程·教材·教法,2021(2).

杨明全,赵瑶.从分化到融合：跨学科主题学习的三重维度[J].教育科学研究,2023(5).

杨清.论学校课程建设中的"减法"思维[J].教育理论与实践,2018(16).

杨四耕.区域课程改革的瀑布模型及其推进策略[J].课程·教材·教法,2020(8).

杨向东."真实性评价"之辨[J].全球教育展望,2015(5).

杨伊,任杰.体育与健康课程的跨学科主题学习：必要性、可行性与行动路径[J].武汉体育学院学报,2023(5).

殷世东.综合实践活动：课程抑或学习方式[J].课程·教材·教法,2019(4).

袁磊,王阳.数字教育背景下中小学跨学科教学的困境与应对[J].电化教育研究,2023(12).

袁磊,叶薇,徐济远,陆乙丹.新课程标准下中小学教师跨学科素养的基本内涵及提升路径[J].现代教育管理,2024(1).

袁维新.HPS教育：一种新的科学教育范式[J].教育科学研究,2010(7).

詹泽慧,季瑜,赖雨彤.新课标导向下跨学科主题学习如何开展：基本思路与操作模型[J].现代远程教育研究,2023(1).

张晨耕.后现代性之于现代性：反叛还是延续？[J].齐鲁学刊,2021(6).

张传燧,左鹏.新时代课程育人：价值、目标及方式——对《义务教育课程方案(2022年版)》的理解与思考[J].课程·教材·教法,2022(10).

张春雷.跨学科学习评价：价值定位、过程方法及模型应用[J].中国考试,2023(4).

张华.儿童发展、学习进阶与课程创生——《义务教育课程方案和课程标准(2022年版)》内在追求[J].中国教育学刊,2022(5).

张华.核心素养与我国基础教育课程改革"再出发"[J].华东师范大学学报(教育科学版),2016(1).

张华.论"综合实践活动"课程的本质[J].全球教育展望,2001(8).

张华.体验课程论——一种整体主义的课程观(上)[J].教育理论与实践,1999(10).

张琳,孙蓓蓓,黄颖.交叉科学研究：内涵、测度与影响[J].科研管理,2020(7).

张培,阮选敏,吕冬晴,成颖,柯青.人文社会科学学者的跨学科性对被引的影响研究[J].情报学报,2019(7).

张炜,钟雨婷.亚琛工业大学的跨学科战略实践及其变革[J].高等工程教育研究,2017(5).

张屹,赵亚萍,何玲,白清玉.基于STEM的跨学科教学设计与实践[J].现代远程教育研究,2017(6).

张玉滨.高中跨学科教学的本位价值与实施路径[J].中小学管理,2018(4).

张玉华.跨学科主题学习的水平分析与深化策略[J].全球教育展望,2023(3).

张紫屏.跨学科课程的内涵、设计与实施[J].课程·教材·教法,2023(1).

赵汀阳.关于跨文化和跨主体性的一个讨论[J].思想战线,2023(1).

赵士果,崔允漷.比恩课程统整的理念及模式建构[J].全球教育展望,2011(7).

赵晓伟,沈书生.为未来而学：芬兰现象式学习的内涵与实施[J].电化教育研究,2021(8).

中国教育科学研究院课程与教学研究所课题组,郝志军,杨清,刘晓荷.中小学跨学科课程融合的问题与对策[J].课程·教材·教法,2022(10).

钟启泉.综合实践活动:涵义、价值及其误区[J].教育研究,2002(6).
钟启泉,安桂清.综合实践活动课程:实质、潜力与问题[J].北京大学教育评论,2003(3).
周靖毅.加拿大安大略省中小学课程结构改革的动向与启示[J].全球教育展望,2017(4).
朱爱华.跨学科主题学习的本质、特征及设计路向[J].教育研究与实验,2023(5).
朱德全,彭洪莉.教师跨学科教学素养测评模型实证研究[J].华东师范大学学报(教育科学版).2023(2).
朱新卓,张聪聪.谁从脱离直接经验的"教育病"中受益——基于经验结构与学校文化符应的视角[J].华中师范大学学报(人文社会科学版),2020(4).

三、学位论文类

安桂清.整体课程研究[D].华东师范大学博士学位论文,2004.
杜惠洁.德国教学设计的理论与实践研究[D].华东师范大学博士学位论文,2006.
孙丹儿.我国综合科学课程内容统整研究[D].华东师范大学博士学位论文,2010.
熊张晓.跨学科理念下小学数学"综合与实践"领域主题式教学设计研究[D].西南大学硕士学位论文,2022.

四、网络类

北京市教育委员会.北京市教育委员会关于印发《北京市实施教育部〈义务教育课程设置实验方案〉的课程计划(修订)》的通知[EB/OL].(2015-07-01)[2024-03-01].https://jw.beijing.gov.cn/xxgk/zxxxgk/201601/t20160128_1443532.html.

山东省教育厅.山东省义务教育地方课程和学校课程实施纲要[EB/OL].(2006-09-01)[2024-02-23].http://edu.shandong.gov.cn/art/2006/9/1/art_107055_7733928.html.

中华人民共和国教育部.全日制义务教育音乐课程标准(实验稿)[EB/OL].(2001-07-01)[2024-02-28].http://www.moe.gov.cn/srcsite/A17/moe_794/moe_624/200107/t20010701_80353.html.

中华人民共和国教育部.教育部关于印发《义务教育课程设置实验方案》的通知[EB/OL].(2001-11-19)[2024-02-28].http://www.moe.gov.cn/srcsite/A26/s7054/200111/t20011119_88602.html.

中华人民共和国教育部.教育部关于全面深化课程改革落实立德树人根本任务的意见[EB/OL].(2014-04-08)[2024-02-28].http://www.moe.gov.cn/srcsite/A26/jcj_kcjcgh/201404/t20140408_167226.html.

中华人民共和国教育部.教育部 财政部 国家发展改革委关于印发《统筹推进世界一流大学和一流学科建设实施办法(暂行)》的通知[EB/OL].(2017-01-25)[2024-03-01].http://www.moe.gov.cn/srcsite/A22/moe_843/201701/t20170125_295701.html.

中华人民共和国教育部.教育部关于印发《义务教育小学科学课程标准》的通知[EB/OL].[2017-02-06][2024-03-01].http://www.moe.gov.cn/srcsite/A26/s8001/201702/t20170215_296305.html.

中华人民共和国教育部.教育部关于印发《中小学综合实践活动课程指导纲要》的通知[EB/OL].(2017-09-25)[2024-03-01].http://www.moe.gov.cn/srcsite/A26/s8001/201710/t20171017_316616.html.

中华人民共和国教育部.教育部关于印发《基础教育课程改革纲要(试行)》的通知[EB/OL].(2021-06-08)[2024-03-01].http://www.moe.gov.cn/srcsite/A26/jcj_kcjcgh/

200106/t20010608_167343.html.

中华人民共和国教育部.教育部关于印发《中小学综合实践活动课程指导纲要》的通知[EB/OL].(2017-09-27)[2024-02-28].http://www.moe.gov.cn/srcsite/A26/s8001/201710/t20171017_316616.html.

中华人民共和国教育部.义务教育道德与法治课程标准(2022年版)[EB/OL].(2022-03-25)[2024-02-20].http://www.moe.gov.cn/srcsite/A26/s8001/202204/W020220420582343475848.pdf.

中华人民共和国教育部.义务教育劳动课程标准(2022年版)[EB/OL].(2022-03-25)[2022-05-20].http://www.moe.gov.cn/srcsite/A26/s8001/202204/W020220420582367012450.pdf.

中华人民共和国教育部.义务教育语文课程标准(2022年版)[EB/OL].(2022-03-25)[2024-02-20].http://www.moe.gov.cn/srcsite/A26/s8001/202204/W020220420582344386456.pdf.

中华人民共和国教育部.教育部办公厅、中国科学院办公厅、中国科学技术协会办公厅关于做好2023年下半年全国中小学教师科学素质提升培训工作的通知[EB/OL].(2023-07-05)[2024-03-01].http://www.moe.gov.cn/srcsite/A10/s7034/202307/t20230718_1069580.html.

中华人民共和国教育部.教育部关于加强和改进新时代基础教育教研工作的意见[EB/OL].(2019-11-20)[2024-03-01].http://www.moe.gov.cn/srcsite/A06/s3321/201911/t20191128_409950.html.

中华人民共和国教育部.关于公布教育部基础教育教学指导专业委员会委员名单的通知[EB/OL].(2023-03-10)[2024-03-01].http://www.moe.gov.cn/srcsite/A06/s7053/202101/t20210126_511113.html.

中华人民共和国中央人民政府.国务院关于基础教育改革与发展的决定[EB/OL].(2001-05-29)[2024-03-01].https://www.gov.cn/gongbao/content/2001/content_60920.htm.

中华人民共和国中央人民政府.国务院办公厅关于印发全民科学素质行动计划纲要实施方案(2016—2020年)的通知[EB/OL].(2016-03-14)[2024-02-28].https://www.gov.cn/zhengce/content/2016-03/14/content_5053247.htm.

中华人民共和国中央人民政府.教育部 财政部 发展改革委印发《关于高等学校加快"双一流"建设的指导意见》的通知[EB/OL].(2018-08-08)[2024-03-01].https://www.gov.cn/gongbao/content/2019/content_5355477.htm.

中华人民共和国中央人民政府.中共中央、国务院印发《中国教育现代化2035》[EB/OL].(2019-02-23)[2024-03-01].https://www.gov.cn/zhengce/2019-02/23/content_5367987.htm.

中华人民共和国中央人民政府.中共中央 国务院关于深化教育教学改革全面提高义务教育质量的意见[EB/OL].(2019-06-23)[2024-03-01].http://www.gov.cn/zhengce/2019-07/08/content_5407361.htm.

中华人民共和国教育部办公厅.基础教育课程教学改革深化行动方案[EB/OL].(2023-05-26)[2024-03-01].http://www.moe.gov.cn/srcsite/A26/jcj_kcjcgh/202306/t20230601_1062380.html.

中华人民共和国教育部.教育部等十八部门关于加强新时代中小学科学教育工作的意见[EB/OL].(2023-05-26)[2024-03-01].http://www.moe.gov.cn/srcsite/A29/202305/

t20230529_1061838.html.

五、外文类

Aboelela S. W., Larson E., Bakken S., et al. Defining Interdisciplinary Research: Conclusions from a Critical Review of the Literature [J]. Health Services Research, 2007(1).

Agnes H. L. Unit Teaching in the Elementary School [M]. New York: Rinehart, 1955.

American Association for the Advancement of Science. Blueprints for Reform [M]. New York: Oxford University Press, 1998.

Anderson T., Dron J. Three Generations of Distance Education Pedagogy [J]. International Review of Research in Open and Distributed Learning, 2011(3).

Apostel L. Interdisciplinarity: Problems of Teaching and Research in Universities [M]. Paris: Organisation for Economic Cooperation and Development, 1972.

Asunda P. A. Standards for Technological Literacy and STEM Education Delivery through Career and Technical Education Programs [J]. Journal of Technology Education, 2012(2).

Australian Curriculum, Assessment and Reporting Authority. Australian Curriculum F-10 (Version 8.4)[EB/OL]. (2015-05-15)[2024-02-28]. https://www.australiancurriculum.edu.au/f-10-curriculum/.

Australian Curriculum. General Capabilities(Version 8.4)[EB/OL]. (2014-03-14)[2024-02-28]. https://www.australiancurriculum.edu.au/f-10-curriculum/general-capabilities/.

Beane A. J. Curriculum Integration: Designing the Core of Democratic Education [M]. New York: Teachers College Press, 1997.

Bopegedera A. The Art and Science of Light: An Interdisciplinary Teaching and Learning Experience [J]. Journal of Chemical Education, 2005(1).

Boyraz C., Serin G. Science Instruction through the Game and Physical Activities Course: An Interdisciplinary Teaching Practice [J]. Universal Journal of Educational Research, 2017 (11).

Council of Chief State School Officers. Common Core State Standards for English Language Arts & Literacy in History/Social Studies, Science, and Technical Subjects [EB/OL]. (2022-11-10)[2024-02-27]. https://learning.ccsso.org/wp-content/uploads/2022/11/ELA_Standards1.pdf.

Drake S., Burns R. Meeting Standards through Integrated Curriculum [M]. Alexandria: Association for Supervision and Curriculum Development, 2004.

Dorothy M. Herbartian Contributions to History Instruction in American Elementary Schools [M]. New York: Bureau of Publications Teachers College, Columbia University, 1946.

Dowden T. Relevant, Challenging, Integrative and Exploratory Curriculum Design: Perspectives from Theory and Practice for Middle Level Schooling in Australia [J]. The Australian Educational Researcher, 2007(2).

Education Scotland. The Curriculum Design Cycle [EB/OL] (2022-04-25)[2024-02-18]. https://education.gov.scot/resources/the-curriculum-design-cycle/.

Education Scotland. Interdisciplinary Learning: Ambitious Learning for an Increasingly Complex World [EB/OL]. (2020-06-23)[2024-03-01]. https://education.gov.scot/media/mkomulen/interdisciplinary-learning-thought-paper.pdf.

参考文献

Education Scottish. Building the Curriculum [EB/OL] (2022 - 11 - 22) [2024 - 02 - 28]. https://education.gov.scot/curriculum-for-excellence/curriculum-for-excellence-documents/building-the-curriculum/.

Emily O. W., Erin C. D. The Geology and Sociology of Consumption: Team-Teaching Sustainability in an Interdisciplinary First-Year Seminar [J]. Journal of Geoscience Education, 2017(2).

Finnish National Board of Education. New National Core Curriculum for Basic Education: Focus on School Culture and Integrative Approach [EB/OL]. (2022 - 11 - 10) [2024 - 02 - 20]. https://www.oph.fi/sites/default/files/documents/new-national-core-curriculum-for-basic-education.pdf.

Gallagher S. A., Stepien W. J. Content Acquisition in Problem-based Learning: Depth versus Breadth in American Studies [J]. Journal for the Education of the Gifted, 1996(3).

Hadenfeldt J. C. Neumann K., Bernholt S., Liu X., Parchmann I. Students' Progression in Understanding the Matter Concept [J]. Journal of Research in Science Teaching, 2016(5).

Hirst H. P. What is teaching? [J]. Journal of Curriculum Studies, 1971(1).

International Baccalaureate Organization. Report of International Baccalaureate Organization [M]. Washington, DC: National Academies Press, 2000.

Jacobs H. Borland H. The Interdisciplinary Concept Model: Theory and Practice [J]. Gifted Child Quarterly, 1986(4).

Jacobs H. Interdisciplinary Curriculum: Design and Implementation [M]. Alexandria: Association for Supervision and Curriculum Development, 1989.

Klein J. T. Interdisciplinarity and Complexity: An Evolving Relationship [J]. Emergence: Complexity and Organization, 2004(1 - 2).

Klein J. T. Interdisciplinarity: History, Theory, and Practice [M]. Detroit: Wayne State University Press, 1990.

Klein J. T. The Transdisciplinary Moment (um) [J]. Integral Review, 2013(2).

Lana I., Deborah C., George M., Ronald P. Interdisciplinary Learning: Process and Outcomes [J]. Innovative Higher Education, 2002(2).

Lindvig K., Ulriksen L. Tilstræbt og Realiseret Tværfaglighed i Universitetsundervisning [J]. Dansk Universitetspædagogisk Tidsskrift, 2016(20).

Mansilla V. B. Learning to Synthesize: The Development of Interdisciplinary Understanding [M]// Frodeman R. J., Klein T., Mitcham C. (Eds.). The Oxford Handbook of Interdisciplinarity. Oxford: Oxford University Press, 2010.

Mansilla V. B., Duraising E. D. Targeted Assessment of Students' Interdisciplinary Work: An Empirically Grounded Framework Proposed [J]. The Journal of Higher Education, 2007(2).

Mansilla V. B., Zero P. Disciplinary & Interdisciplinary Studies [EB/OL]. (2017 - 12 - 06) [2024 - 03 - 01]. https://pz.harvard.edu/sites/default/files/X%20Boix%20Mansilla%20Interdisciplinary%20Learning.pdf.

Massialas B. G. The "New Social Studies"—Retrospect and Prospect [J]. The Social Studies, 1992(3).

Miller J. P. The Holistic Curriculum [M]. Toronto: University of Toronto Press, 2019.

Miller L., Dejean J., Miller R. The Literacy Curriculum and Use of an Intergrated Learning

System [J]. Journal of Research in Reading, 2000(2).

National Research Council. A Framework for K – 12 Science Education: Practices, Crosscutting Concepts, and Core Ideas [M]. Washington, DC: National Academies Press, 2012.

National Science Board. Long-Lived Digital Data Collections: Enabling Research and Education in the 21st Century [M]. Alexandria, VA: National Science Foundation, 2005.

Nelson R. M. The Social Studies in Secondary Education: A Reprint of the Seminal 1916 Report with Annotations and Commentaries [M]. Bloomington, Indiana: ERIC Clearinghouse for Social Studies, 1994.

Newell W. H. Designing interdisciplinary courses [J]. New Directions for Teaching and Learning, 1994(58).

Nowacek R. S. Toward a Theory of Interdisciplinary Connections: A Classroom Study of Talk and Text [J]. Research in the Teaching of English, 2007(4).

OECD. Learning Compass 2030 [EB/OL]. (2019 – 05 – 22)[2024 – 02 – 28]. https://www. oecd. org/education/2030-project/teaching-and-learning/learning/learning-compass-2030/in_ brief_ Learning_Compass. pdf.

Palaiologou I. The Death of a Discipline or the Birth of a Transdiscipline: Subverting Questions of Disciplinarity within Education Studies Undergraduate Courses [J]. Educational Studies, 2010(3).

Partnership for 21st Century Skills. P21 Framework Definitions [EB/OL]. (2015 – 05 – 15) [2024 – 02 – 18]. http://static. battelleforkids. org/documents/p21/P21_Framework_Definitions_ New_Logo_2015_9pgs. pdf.

Partnership for 21st Century Skills. Framework For 21st Century Learning Definitions [EB/ OL]. (2022 – 11 – 10)[2024 – 02 – 22]. https://static. battelleforkids. org/documents/p21/P21_ Framework_DefinitionsBFK. pdf.

Jacobs H., Borland H. The Interdisciplinary Model: Theory and Practice [J]. Gifted Cuild Quarterly, 1986(4).

Jacobs H. H. Interdisciplinary Curriculum: Design and Implementation [M]. Alexandria: Association for Supervision and Curriculum Development, 1989.

Macallister W. K., Phenix P. Realms of Meaning: A Philosophy of the Curriculum for General Education [J]. Journal of Negro Education, 1966(2).

Poelzer, G., Feldhusen J. An Empirical Study of the Achievement of International Baccalaureate Students in Biology, Chemistry and Physics [J]. Journal of Secondary Gifted Education, 1996(1).

Project Zero. Citizen-Learners A Framework for 21st Century Excellence in Education [EB/ OL]. (2020 – 12 – 09)[2024 – 03 – 01]. https://pz. harvard. edu/projects/Citizen-Learners.

Pountney R., McPhail G. Stichwort: Fächerübergreifender Unterricht [J]. Zeitschrift für Erziehungswissenschaft, 2001(4).

Pountney R., McPhail G. Researching the Interdisciplinary Curriculum: The Need for "Translation Devices" [J]. British Educational Research Journal, 2017(6).

Schneider D. Expectations of Excellence: Curriculum Standards for Social Studies. Bulletin 89 [M]. Washington: National Council for the Social Studies, 1994.

Scottish Government. Curriculum for Excellence Building the Curriculum 3(a Framework for

参考文献

Learning and Teaching)[M]. Scottish Government: Edinburgh, 2008.

Siemens G. Connectivism: A Learning Theory for the Digital Age[J]. International Journal of Instructional Technology and Distance Learning, 2005(1).

Smuts J. C. Holism and Evolution[M]. New York: The Macmilian Company, 1926.

Stephen L. Pruitt. The Next Generation Science Standards: The Features and Challenges[J]. Journal of Science Teacher Education, 2014(2).

Tang Institute at Andover. Course of Study(2022-2023)[EB/OL]. (2022-11-10)[2024-02-28]. https://www.andover.edu/files/CourseOfStudy.pdf.

Tang Institute at Andover. What We Do[EB/OL]. (2022-11-10)[2024-02-28]. https://tanginstitute.andover.edu/about.

UNESCO. Reimagining Our Futures Together: A New Social Contract for Education[M]. Paris: UNESCO, 2021.

UNESCO. Rethinking Education: Towards a Global Common Good?[EB/OL]. (2015-04-22)[2024-02-27]. https://unesdoc.unesco.org/ark:/48223/pf0000232555.

UNESCO. The Education 2030 Framework for Action[EB/OL](2015-11-04)[2024-02-27]. https://unesdoc.unesco.org/ark:/48223/pf0000245656.

UNIVERSITÄT BONN. Transdisziplinäre Forschungsbereiche[EB/OL]. (2024-02-24)[2024-03-01]. https://www.uni-bonn.de/de/forschung-lehre/forschungsprofil/transdisziplinaere-forschungsbereiche.

VanTassel-Baska J., Wood S. The Integrated Curriculum Model(ICM)[J]. Learning and Individual Differences, 2010(4).

Vars G. F. Integrated Curriculum in Historical Perspective[J]. Educational Leadership, 1991(2).

Newell W. H., et al. Interdisciplinary Curriculum Development[J]. Issues in Integrative Studies, 1990(8).

文部科学省. 今、求められる力を高める 総合的な学習の時間の展開(小学校編)[EB/OL]. (2010-11-12)[2024-02-28]. https://www.mext.go.jp/componet/a_menu/education/detail/_icsFiles/2011/02/17/1300459_1.pdf.

文部科学省. 学習指導要領「生きる力」[EB/OL]. (2008-03-28)[2024-02-28]. https://www.mext.go.jp/component/a_menu/education/micro_detail/__icsFiles/afieldfile/2010/11/29/syo.pdf.

后　记

尽管我国跨学科教学的理念与实践的起步比西方发达国家晚，但是2022年新课程方案和新课程标准明确提出"跨学科主题教学"的概念，并规定每门课程要用不少于10%的课时开展跨学科主题教学活动，这在世界范围内都不多见，是有效保障跨学科主题教学落实的重要政策保障。不过，如何将政策优势贯彻于实际教育教学活动中，真正提升课程的整合力度、教学的项目化、评价的素养化，提高综合育人效力，仍有待理论界集思广益，为跨学科主题教学实践提供切实可行的理论构想。本书在回顾中外跨学科教学理念与实践发展基础上，结合新时代教育教学改革对跨学科教学的新要求与新挑战，基于系统教育论、整体课程观、生成性教学观、联通主义学习论等构建跨学科主题教学设计与实施的整体框架和技术路线，并给出多元化的学校保障体系及典型案例，以期为义务教育学校开展跨学科主题教学提供行之有效的参考与参照。

自2022年新课程方案和新课程标准颁布实施之初，我便对"跨学科主题教学"这个新理念和新概念产生了浓厚的兴趣，在与一线教师、校长等的密切接触中，了解到了他们对实施跨学科主题教学的浓厚兴趣，也感受到了他们对何谓跨学科主题教学、跨学科主题教学的本质特征、跨学科主题教学的体系化设计与系统实施、跨学科主题教学的评价与保障等存在诸多困惑。这些来自一线教育者的实践困惑，其实也困扰着我。为了解答这些疑惑，我开始翻阅相关文献，与其他对跨学科主题教学感兴趣的研究者同仁交流，并深入实践与老师、校长交流探讨。在这些思考基础上，先后发表了《基于〈义务教育课程方案（2022年版）〉的跨学科主题统筹设计》（《教学与管理》，2022年第29期）、《跨学科主题教学的意蕴辨读与行动路向——基于"五育融合"的视角》（《湖南师范大学教育科学学报》，2023年第5期）、《新课标导向下跨学科主题教学的概念厘定、本质特征及实践进路》（《教育

后记

科学论坛》,2024年第2期)、《跨学科主题教学的整体设计与系统实施》(《江苏教育》,2024年第19期)、《跨学科主题教学常态化实施的学校保障制度建设》(《教学与管理》,2024年第19期)等论文,同时将跨学科主题教学作为一个专题,在教育博士生的《课程与教学论》课上进行讲解,并指导对该主题感兴趣的教育博士生和课程与教学专业硕士研究生开展相关研究工作。本书便是在上述研究论文、课程教案、实践探索、学术交流等活动基础上的拓展与延伸。

本书的出版得到了华东师范大学出版社编辑刘佳老师的大力支持,正是刘佳老师在看到我发表的学术论文基础上跟我进行了深入的交流,并邀请我写了该书。若没有刘佳老师的鼓励与支持,我可能没有勇气和毅力将这个比较新的主题进行系统化思考与书写。同时,也很感谢我的硕士研究生吴晓楠同学在跨学科主题教学中外文文献搜集、整理,以及案例收集等过程中对我的帮助。出版过程中,包括刘佳老师在内的华东师范大学出版社的许多编辑老师都付出了很多心血,在此致以衷心的谢意。

王飞

2024年3月7日